Vowinckel | Hannah Arendt

Annette Vowinckel

Hannah Arendt

Reclam

RECLAMS UNIVERSAL-BIBLIOTHEK Nr. 19354
2006, 2024 Philipp Reclam jun. GmbH & Co. KG,
Siemensstraße 32, 71254 Ditzingen
Bibliographisch ergänzte Ausgabe 2024
Umschlagabbildung: Fred Stein: Hannah Arendt, 1944. –
akg-images / picture-alliance © VG Bild-Kunst, Bonn 2024
Gestaltung: Cornelia Feyll, Friedrich Forssman
Druck und Bindung: Esser printSolutions GmbH,
Untere Sonnenstraße 5, 84030 Ergolding
Printed in Germany 2024
RECLAM, UNIVERSAL-BIBLIOTHEK und
RECLAMS UNIVERSAL-BIBLIOTHEK sind eingetragene Marken
der Philipp Reclam jun. GmbH & Co. KG, Stuttgart
ISBN 978-3-15-019354-9

www.reclam.de

Inhalt

Ein Leben zwischen Politik und Philosophie

Hannah Arendt (1906–1975) war studierte Philosophin, doch lehnte sie es ab, als Philosophin bezeichnet zu werden. Ihrem Selbstverständnis nach beschäftigte sie sich mit politischer Theorie, die sich naturgemäß nicht mit der Philosophie vertrage. Seit dem Prozess gegen Sokrates, erklärte sie, habe sich das Denken vom Handeln und das Handeln vom Denken verabschiedet. Während das Denken auf der Suche nach der einen Wahrheit gewesen sei, habe das Handeln nur auf der Grundlage der Akzeptanz vielfältiger Meinungen funktionieren können; während das Denken stets ein Dialog des Einzelnen mit sich selbst sei, sei das Handeln auf den Dialog der vielen angewiesen.

Gleichwohl arbeitete Arendt auch in ihren politisch-theoretischen Schriften stets mit philosophischen Begriffen und Konzepten. In ihrem Prozessbericht über *Eichmann in Jerusalem* bezog sie sich auf Kants Begriff der Urteilskraft, an der es dem Angeklagten Arendt zufolge mangelte, in ihrem Buch über den Totalitarismus beklagte sie den von totalitären Regimen unternommenen Versuch, die Pluralität als Grundbedingung menschlicher Existenz abzuschaffen, und ihre biografischen Schriften sind samt und sonders Plädoyers dafür, die Idee von der einen und einzigen Wahrheit zugunsten der Meinungsvielfalt und des Dialogs zu opfern.

Es ist ihre Präferenz für das perspektivische Denken und eine von Pluralität bestimmte Welt, die Arendt gegen die einsame Welt des Philosophen setzte, und es ist die Einsicht, dass Geschichte nicht von Philosophenkönigen, sondern von den Zufällen und von der Willkür der handelnden Menschen gelenkt wird, die sie zu einer politischen Denkerin par excellence machten. Arendts frühe Abkehr von der Philosophie und die gleichzeitige Hinwendung zur politischen Theorie und zur

Geschichtsschreibung ist indes kaum nachvollziehbar ohne Kenntnis ihrer Lebensgeschichte, die Ernest Gellner (1925–1995) einmal als Parabel der Moderne beschrieben hat: »If Hannah Arendt had not existed it would most certainly be necessary to invent her. Her life is a parable, not just of our age, but of several centuries of European thought and experience.«[1] (Auf Deutsch: Wenn Hannah Arendt nicht existiert hätte, hätte man sie erfinden müssen. Ihr Leben ist nicht nur eine Parabel unseres Zeitalters, sondern mehrerer Jahrhunderte europäischen Denkens und Handelns.)

1906 in Hannover geboren, verbrachte Arendt ihre Kindheit und Jugend in Königsberg, wo sie ein altsprachliches Gymnasium besuchte. Schon früh las sie die Werke der großen Philosophen, die im elterlichen Bücherschrank standen. Nach eigener Auskunft hatte sie im Alter von vierzehn Jahren bereits Kant gelesen, später Kierkegaard und Karl Jaspers' *Psychologie der Weltanschauungen*. Nachdem sie als Achtzehnjährige wegen Anstiftung zum Unterrichtsboykott der Schule verwiesen worden war und das Abitur als externe Schülerin hatte ablegen müssen, nahm sie das Studium der Philosophie, des Griechischen und – obwohl sie selbst aus einer jüdischen Familie stammte – der protestantischen Theologie an der Universität Marburg auf. Das Interesse für die Theologie ergab sich aus einer frühen Kierkegaard-Lektüre, während ihr Interesse an Philosophie quasi einem existenziellen Grundbedürfnis entsprang: »Da können Sie fragen: Warum haben Sie Kant gelesen? Irgendwie war es für mich die Frage: entweder kann ich Philosophie studieren oder ich gehe ins Wasser sozusagen.«[2]

Bereits im ersten Semester besuchte Arendt die Seminare von Martin Heidegger (1889–1976), den sie als »heimlichen König« im Reich des Denkens bezeichnete.[3] Schon bald bahnte sich eine Affäre zwischen Heidegger und seiner Studentin an – eine Affäre, die streng geheim gehalten werden musste, da

Heidegger verheiratet war und zwei Söhne hatte. 1926 ging Arendt, um den amourösen Verwicklungen zu entkommen, nach Heidelberg zu Karl Jaspers (1883–1969), bei dem sie 1929 mit einer Dissertation über den *Liebesbegriff bei Augustinus* promovierte. Zwar hatte sie sich infolge ihrer Affäre mit Heidegger gezwungen gesehen, Marburg zu verlassen, doch trug ihr diese Affäre auch das Privileg ein, die Entstehung von Heideggers Hauptwerk, *Sein und Zeit*, aus allernächster Nähe verfolgen zu können. Obwohl Arendt sich in den folgenden Jahren aufgrund der politischen Entwicklungen in Deutschland ostentativ von der Philosophie und von Martin Heidegger als Person distanzierte, hinterließ die Lektüre von *Sein und Zeit* nachhaltige Spuren, die sich in all ihren Werken finden lassen.

Ebenfalls 1929 heiratete Arendt den Philosophen Günther Stern (1902–1992) – der sich später Günther Anders nannte – und nahm die Arbeit an einer Habilitationsschrift über die deutsche Romantik auf. Als sie auf Hinweis ihrer Freundin Anne Mendelssohn, einer Nachfahrin des jüdischen Aufklärers Moses Mendelssohn, den Nachlass der Dichterin Rahel Varnhagen (1771–1833) in der Berliner Staatsbibliothek entdeckte, änderte sie ihre Pläne und begann, eine Biografie der Dichterin zu schreiben. Am Abschluss des Verfahrens hinderte sie jedoch die nationalsozialistische Machtübernahme, die Arendt nach kurzer Inhaftierung dazu bewegte, gemeinsam mit ihrer Mutter nach Paris zu flüchten. Günther Stern folgte ihnen nach Paris, allerdings hatte sich das Ehepaar schon in Berlin auseinandergelebt und ließ sich bald wieder scheiden.

Über gemeinsame Bekannte lernte Arendt in Paris ihren zweiten Ehemann Heinrich Blücher (1899–1970) kennen, der als Kommunist ebenfalls nach Frankreich geflüchtet war. Beide wurden nach dem Einmarsch der deutschen Truppen interniert, konnten aber dem Lager entkommen und trafen sich bei Freunden in Südfrankreich wieder, von wo aus sie mit amerikanischen Notvisa nach New York ausreisten. Bald fand Arendt eine Stelle als Lektorin im New Yorker Schocken-Verlag und übernahm dort die Verantwortung für die Edition der Werke Franz Kafkas. Später arbeitete sie für die Jewish Cultural Reconstruction, in deren Auftrag sie 1949 erstmals wieder nach Europa reiste, um Listen erhalten gebliebener jüdischer Kulturgüter zu erstellen.

In diesen Jahren schrieb Arendt mehrere Aufsätze für akademische Zeitschriften und Kolumnen für die deutschsprachige Emigrantenzeitschrift *Der Aufbau*, bevor sie 1951 ihr erstes großes Werk unter dem Titel *The Origins of Totalitarianism* in englischer Sprache veröffentlichte (dt.: *Elemente und Ursprünge totaler Herrschaft*, 1955). Im selben Jahr nahm sie die amerikanische Staatsbürgerschaft an. Es folgten mehrere Lehraufträge, unter anderem in Princeton und Berkeley, bevor Arendt eine Professur an der University of Chicago und später an der New Yorker New School for Social Research annahm. Sie starb am 4. Dezember 1975 in ihrer New Yorker Wohnung, kurz nachdem sie die Arbeit an einer Vorlesungsreihe über das Urteilen aufgenommen hatte.

Während Arendts Werke in der politischen Theorie und der Geschichtswissenschaft unmittelbar nach Erscheinen kontrovers diskutiert wurden, ließ die Rezeption durch die akademische Philosophie noch einige Zeit auf sich warten. Erst nach der Veröffentlichung von Elisabeth Young-Bruehls umfangreicher Biografie im Jahr 1980[4] setzte eine Arendt-Renaissance ein, zunächst in den Vereinigten Staaten, dann in Deutschland und schließlich in Frankreich. Ihren Höhepunkt in Deutschland erreichte sie kurz nach dem Fall der Berliner Mauer – wobei die abenteuerliche Lebensgeschichte vermutlich dazu beitrug, das Interesse eines breiten Publikums für Arendts Leben und Werk zu wecken. Obwohl sich Jürgen Habermas (geb. 1929) mit seiner Theorie des kommunikativen

Handelns bereits in den siebziger Jahren auf Hannah Arendt bezogen hatte, fand sie erst jetzt auch bei der deutschen Linken Beachtung, der sie wegen des in der Schrift *Elemente und Ursprünge totaler Herrschaft* angestellten Vergleichs der nationalsozialistischen mit der stalinistischen Ideologie als Antikommunistin gegolten hatte.

Nun aber wurde das Buch sehr breit rezipiert. Arendts Ansatz wurde als Alternative zu den von der Linken traditionell favorisierten Faschismustheorien wiederentdeckt und Arendt als Person rehabilitiert. Seither ist in Deutschland eine verstärkte Auseinandersetzung mit ihrem Werk zu verzeichnen, verbunden mit einer großen Bereitschaft, die Autorin als moralische Autorität anzuerkennen. Nicht nur wies sie den Weg für die Aufarbeitung der nationalsozialistischen Vergangenheit, sie zeigte gleichzeitig auch Alternativen zum ideologischen Marxismus auf. Dass man es bei ihr nicht mit einer Amerikanerin im Dienste eines *Reeducation*-Programms zu tun hatte, sondern mit einer Exildeutschen, die Goethe, Schiller und Kant gelesen hatte, trug ein Übriges zu der posthumen Erfolgsgeschichte bei.

Seither sind so gut wie alle Aspekte ihres Werks gründlich untersucht worden, wobei neben den philosophischen Kernfragen vor allem ihre persönliche Beziehung zu Martin Heidegger im Zentrum der Aufmerksamkeit stand. In der vorliegenden Einführung wird diese Beziehung – von der zu Arendts Lebzeiten niemand außer ihren engsten Vertrauten und Heideggers Ehefrau Elfride etwas wusste – jedoch nur dort eine Rolle spielen, wo sich Heideggersches Gedankengut in Arendts Werken wiederfindet beziehungsweise weiterentwickelt wird. Dies gilt vor allem im Hinblick auf die phänomenologische Methode, die möglicherweise das stärkste gemeinsame Charakteristikum aller Werke darstellt. Im negativen Sinn hat Heidegger das Arendtsche Werk aber auch im Hinblick auf die Frage nach dem Antagonismus von Politik und Philosophie geprägt: Wiederholt nannte Arendt ihn als Beispiel für einen Philosophen, der in der Abgeschiedenheit des Denkens den Sinn für Pluralität und Diskursivität als Grundbedingungen des menschlichen Miteinanders verloren hatte.

Leitfaden der vorliegenden Einführung ist die Frage nach dem Verhältnis von Politik und Philosophie, die Arendt bereits früh beschäftigte und die sich als Subtext durch alle nach der Rahel-Biografie verfassten Schriften hindurchzieht. Dabei erscheint die frühe Abkehr von der Philosophie und die verstärkte Auseinandersetzung mit politischen Fragen vordergründig als Reaktion auf die nationalsozialistische Machtübernahme. Wie Arendt später in einem Interview erklärte, stand dieser Paradigmenwechsel in unmittelbarem Zusammenhang mit dem Verhalten vieler deutscher Akademiker, mit denen sie sich bis dahin eng verbunden gefühlt hatte: »Man denkt heute oft, daß der Schock der deutschen Juden 1933 sich damit erklärt, daß Hitler die Macht ergriff. Nun, was mich und Menschen meiner Generation betrifft, kann ich sagen, daß das ein kurioses Mißverständnis ist. […] Das Problem, das persönliche Problem war doch nicht etwa, was unsere Feinde taten, sondern was unsere Freunde taten. […] Ich lebte in einem intellektuellen Milieu, ich kannte aber auch andere Menschen, und ich konnte feststellen, daß unter den Intellektuellen die Gleichschaltung sozusagen die Regel war. Aber unter den anderen nicht. Und das hab' ich nie vergessen. Ich ging aus Deutschland, beherrscht von der Vorstellung – natürlich immer etwas übertreibend –: Nie wieder! Ich rühre nie wieder irgendeine intellektuelle Geschichte an.«[5]

In einer 1954 gehaltenen Vorlesung über *Philosophy and Politics* reichte sie eine fundierte Begründung für ihre »Wende« nach. Hier verwies sie auf die historische Trennung der Philosophie von der Politik infolge des Todesurteils gegen Sokrates.[6]

Gegenstand der Philosophie sei seither die Wahrheitsfindung, während Politik als bloßer Austausch von Meinungen gelte, die mit großer Geschwindigkeit auftauchen, um dann ebenso schnell wieder zu verschwinden. Fortan hätten die Philosophen gemeint, es könne nur eine einzige Wahrheit geben, die in den vielfältigen, perspektivisch bedingten und stets variablen Meinungen der Politiker qua Definition nicht enthalten sein könne. Der Philosoph meide seither den öffentlichen Austausch und ziehe sich auf den Dialog mit sich selbst zurück. Der Politiker hingegen sei nicht handlungsfähig ohne Öffentlichkeit, ohne die Anwesenheit von anderen, mit denen er seine Argumente austauschen, die er überzeugen oder von denen er sich überzeugen lassen kann.

Der Pluralität als Grundbedingung menschlichen Lebens nicht Rechnung getragen, sie gar als Defizit – nämlich als Nährboden für die Entstehung »bloßer« Meinungen – behandelt zu haben ist Arendt zufolge das größte Defizit der abendländischen Philosophie. Die einzige Ausnahme sei Immanuel Kant (1724–1804), der in der *Kritik der Urteilskraft* wiederholt darauf verweist, dass das Urteilen nur auf der Grundlage einer »erweiterten Denkungsart« funktionieren könne. Als solche bezeichnet er das Bemühen, die Welt nicht nur mit den eigenen Augen zu sehen, sondern sie sich auch aus der Perspektive anderer vorzustellen.

Die Beschreibung des Antagonismus von Politik und Philosophie, von Meinung und Wahrheit verbindet Arendt mit der Beschreibung eines zweiten Problems, das die Geschichte der Philosophie seit Platon maßgeblich bestimmt hat. Es ist die Frage nach der Differenz von Sein und Erscheinung, die Platon bekanntlich mit einer Zwei-Welten-Theorie beantwortet hat: Alles, was existiert, ist Abbild einer unter der bloßen Erscheinung liegenden Idee, die nur als geistige zu verstehen und die allein wahrhaftig ist: Alles sinnlich Wahrnehmbare ist, im

Unterschied zur Idee, abhängig von der Wahrnehmung; die Wahrnehmung aber ist perspektivisch und kann keinen Anspruch auf Wahrheit geltend machen.

Dieses Auseinanderfallen von Sein und Erscheinen steht für Arendt in zeitlichem wie auch kausalem Zusammenhang mit dem Auseinanderfallen von Wahrheit und Meinung, von Philosophie und Politik: Die Wahrheit des Philosophen ist wirklich und ewig, während die Meinung des Politikers nur erscheint und bald wieder verschwindet. Vor diesem Hintergrund erscheint Arendts Gesamtwerk als ein Versuch, die von Platon erdachte Zweiteilung der Welt zu überwinden, Pluralität und Perspektivität als genuin menschliche Bedingungen und Begabungen zu rehabilitieren und Sein und Erscheinung wieder in eins zu setzen.

So erklärte sie in ihrem Spätwerk *Vom Leben des Geistes* ohne Umschweife, sie versuche, »die Metaphysik und die Philosophie mit allen ihren Kategorien, wie wir sie seit ihren Anfängen in Griechenland bis auf den heutigen Tag kennen, zu demontieren« (LG1 207); doch hatte sie längst gezeigt, dass auch das »trostlose Ungefähr«, das als akzidentiell und partikular, als willkürlich und perspektivisch erscheinende Treiben der Menschen im öffentlichen Raum Gegenstand des Philosophierens sein kann und soll. Mehr noch: Zum eigentlichen Gegenstand der Philosophie erhob sie Begriffe und Konzepte wie Natalität und Pluralität, Perspektivität als Bedingung für eine »erweiterte Denkungsart«, Spontaneität als die Fähigkeit, »eine Reihe von vorn anzufangen« (Kant), Performativität als Modus, in dem alles Handeln stattfindet, das Angewiesensein der Menschen auf die Erde als Lebensraum und die Körperlichkeit der menschlichen Existenz.

Wenn auch Arendt die Möglichkeit einer politischen Philosophie bestritt, so gehört sie doch selbst zu denen, die – im Anschluss an die Husserlsche und Heideggersche Phänomenologie und Existenzphilosophie – mit ihren Schriften die Grundlagen für eine mögliche Philosophie des Politischen gelegt haben.

Die Anordnung der folgenden Kapitel entspricht der Chronologie des Gesamtwerks. Nicht berücksichtigt wird die Korrespondenz, die Arendt teilweise über Jahrzehnte hinweg kontinuierlich pflegte, wobei vor allem der Briefwechsel mit Karl Jaspers als Lektüre zu empfehlen ist.[7] Auch die »Denktagebücher«, eine Reihe von neunundzwanzig Notizbüchern mit handschriftlichen Einträgen aus den Jahren 1950 bis 1973, werden im Rahmen dieser Einführung nicht behandelt. Bei diesen Notizen handelt es sich überwiegend um fragmentarische Aufzeichnungen und Zitate, die zwar die Entstehungsgeschichten der Monografien erhellen, selten aber ganz neue Gedanken enthalten. Der Schwerpunkt der Darstellung liegt auf den für die Frage nach dem Verhältnis von Politik und Philosophie maßgeblichen Texten, wobei neben den Monografien in Ausnahmefällen auch kleinere Essays beziehungsweise Aufsatzsammlungen berücksichtigt werden (*Reflections on Little Rock*, *Menschen in finsteren Zeiten*).

Augustinus, Rahel Varnhagen und die Liebe

1929 promovierte Arendt mit einer Arbeit über den *Liebesbegriff bei Augustinus*, die im selben Jahr im Berliner Springer-Verlag erschien. Bei dieser neunzig Seiten umfassenden Schrift handelt es sich um eine in weiten Teilen phänomenologische Studie, die sich in Stil und Duktus stark an Heideggers *Sein und Zeit* anlehnt. Über mehrere Zeilen sich erstreckende lateinische Augustinus-Zitate erschweren die Lektüre der Dissertation, in der Arendt noch nicht zu dem für ihr späteres Werk typischen Erzählstil gefunden hatte.

Formal ist die Arbeit in drei Abschnitte unterteilt. Im ersten Teil behandelt Arendt die begehrende Liebe (*amor qua appetitus*), im zweiten das Verhältnis von Mensch und Gott (*creator* und *creatura*) und im dritten das Leben in der Gemeinschaft (*vita socialis*). In allen drei Teilen versucht sie, unsystematische und einander widersprechende Aspekte des Werks auf ein gemeinsames Fundament zurückzuführen, wobei sie weder nur Widersprüche aufdecken noch das gemeinsame Fundament für in sich widerspruchsfrei erklären will. Vielmehr geht es ihr darum, die »Uneinheitlichkeit des Ganzen« (LA 3) hervorzuheben.

Die einzige Definition der Liebe, die sich unmittelbar aus den Quellen gewinnen lässt, ist die des *amor* im Sinne von *appetitus* (Trachten, Streben). Dieser *appetitus* richtet sich auf etwas Bestimmtes und erlischt mit dem Erlangen des begehrten Objekts – es sei denn, dieses droht wieder verlorenzugehen. Neben dem *appetitus* beschreibt Augustinus zwei weitere Formen der Liebe, nämlich *caritas* (liebendes Verehren, Nächstenliebe) und *cupiditas* (sinnliche Liebe), die sich allein im Hinblick auf ihr Objekt voneinander unterscheiden. Während *cupiditas* nach Vergänglichem strebt und deshalb (wie *appetitus*) im Moment der Erfüllung bereits von

Verlustangst überschattet wird, strebt *caritas* nach dem Ewigen.

Diese drei Formen der Liebe (*amor, appetitus, caritas*) ergreifen die ganze Existenz des Menschen, und der Begehrende »ist [...] nur noch im Begehren« (LA 18). Eine vierte Form, die ordnende Liebe (*ordinata dilectio*), bezeichnet hingegen den ordnenden Bezug zu sich selbst und zur Welt, die so geliebt wird, als wäre der Liebende »nicht in der Welt, sondern wäre der Ordnende« (LA 28). Aus ihr nährt sich die Nächstenliebe, sofern der Nächste als jemand erfahren wird, der den gleichen Platz in der geordneten Welt hat und im gleichen Verhältnis zu Gott steht wie der Liebende.

In seiner Rückbezogenheit auf den göttlichen Ursprung sieht der Mensch sich als abhängiges Geschöpf, wie er sich auch im liebenden Begehren als abhängig erfährt. Während es sich bei dieser Liebe zu Gott um eine Form von *appetitus* handelt, dessen (unerreichbares) Ziel es ist, sich Gott mimetisch anzuverwandeln (vgl. LA 56), artikuliert sich die Liebe zur Welt eher als *concupiscencia*, als heftiges Verlangen danach, Teil des irdischen Geschehens zu sein, das vor dem Beginn der eigenen Existenz schon da war und auch nach dem Tod noch sein wird.

Im dritten und letzten Teil des Buches untersucht Arendt die *vita socialis*, deren Sinn laut Augustinus in der Nächstenliebe liegt; mit ihrer Hilfe wird »das Miteinander der Menschen in der Gemeinschaft [...] aus einem notwendigen und selbstverständlichen zu einem frei ergriffenen und für den Einzelnen verbindlichen« (LA 80). Während die *civitas terrena* auf eine sündige Vergangenheit gegründet ist, in der die Menschen aufeinander angewiesen sind, gilt in der *civitas dei*, dem Gottesstaat, das Prinzip der Nächstenliebe. Der Mensch ist Mensch, weil er von anderen geliebt wird und dadurch Anerkennung als Einzelner findet. Die Frage nach der Bedeutung von Pluralität und Meinungsvielfalt, die Arendt in den nachfolgenden Jahrzehnten so sehr beschäftigte, wird hier zwar ganz vorsichtig angeschnitten, doch hat sie noch nicht die Dimension einer grundsätzlichen Frage nach dem Verhältnis von Wahrheit und Meinung, von Politik und Philosophie erlangt.

Die Lektüre von Arendts Augustinus-Buch wird dadurch erschwert, dass die darin getroffenen begrifflichen Unterscheidungen von Augustinus selbst nicht konsequent durchgehalten wurden. Infolgedessen fällt es mitunter schwer, zwischen dem Liebesbegriff von Augustinus und dem Liebesbegriff von Hannah Arendt zu unterscheiden. Nicht nur erscheint ihre Interpretation als Versuch, Heideggersche Phänomenologie und Terminologie der Augustinus-Lektüre überzustülpen, sondern auch als Versuch, die eigene Agonie nach dem Scheitern der Liebesbeziehung zu Heidegger zu überwinden – eine Strategie, die auch in Arendts Habilitationsschrift über Rahel Varnhagen deutlich zum Tragen kommt.

Wie bereits erwähnt war diese Habilitationsschrift ursprünglich als Monografie über die deutsche Romantik angelegt, in der Arendt sowohl literarische als auch politische Strömungen untersuchen wollte. Als ihre Freundin Anne Mendelssohn sie auf den Nachlass Rahel Varnhagens aufmerksam machte, den sie in der Berliner Staatsbibliothek entdeckt hatte, wurde aus der Arbeit über die Romantik eine Biografie Varnhagens. Im Vordergrund steht freilich weniger Rahel Varnhagen als Person und Dichterin als das Verhältnis von Juden und Christen in Zeiten der Assimilation und Emanzipation, die von der Mehrheit der christlichen Bevölkerung mit Argwohn beobachtet wurde.

Der verborgene Held der Biografie ist Lessing, der sich für die Verbreitung von Toleranz und Menschlichkeit, für das Recht auf freie Entwicklung der Persönlichkeit und das Recht auf Freundschaft über soziale Grenzen hinweg engagierte. Selbst wenn es die eine und einzige Wahrheit gäbe, sei sie, so Lessing, der Menschlichkeit nachgeordnet. Nicht der Besitz der Wahrheit, vielmehr der aufrichtige Versuch, sie zu erlangen, solle das Ziel des um Aufklärung bemühten Menschen sein. Auch könne ein Mensch nicht mit dem Maßstab der Geschichte gemessen werden, stattdessen müsse die Vernunft herangezogen werden. Darüber hinaus solle jede zwischenmenschliche Beziehung dem Prinzip der Freundschaft entsprechen, der der Austausch von Standpunkten an sich stets wichtiger sei als stures Beharren auf Geschichts- oder Vernunftwahrheiten. Mit solchen Argumenten sprach sich Lessing auch für die Emanzipation der Juden aus und wandte sich gegen all jene, die ihnen die Gleichstellung mit Verweis auf ihr historisch gewachsenes Anderssein verwehrten.

Die Auseinandersetzungen über die Assimilation und Emanzipation der Juden im 19. Jahrhundert sind insofern Dreh- und Angelpunkt der Varnhagen-Biografie, als Arendt sich weniger für das individuelle Schicksal ihrer Heldin als für dessen exemplarische Bedeutung interessierte. Anders als Lessing fragte sie nach den Möglichkeiten und Grenzen der Toleranz nicht aus der Perspektive der Vernunft, sondern aus der Perspektive einer historischen Entwicklung, an deren Ende Arendt sich selbst im Jahr 1933 positionierte: »Dreiundsechzig Jahre hat [Varnhagen] gebraucht zu lernen, was 1700 Jahre vor ihrer Geburt begann, zur Zeit ihres Lebens eine entscheidende Wendung und hundert Jahre nach ihrem Tode – sie starb am 7. März 1833 – ein vorläufiges Ende nahm.« (RV 15)[8]

Die Lebensgeschichte der Rahel Varnhagen erzählt Arendt chronologisch, doch ist jedes Kapitel über einen Zeitabschnitt auch einer Leitfrage gewidmet, die die Chronologie wieder aufbricht. Varnhagens Leben erscheint als ein sich selbst entfaltender Entwicklungsroman, der sich mit Hilfe der historischen Deutungen zu einer biografischen Gesamtschau verdichtet. Dabei leitete nicht kritische Distanz, sondern eine große Sympathie mit der Dichterin die Darstellung. Arendts erklärtes Ziel war es, »Rahels Lebensgeschichte so nachzuerzählen, wie sie selbst sie hätte erzählen können« (RV 10); ausdrücklich kritisierte sie die »moderne Indiskretion, die versucht, dem anderen auf die Schliche zu kommen, und mehr zu wissen wünscht oder zu durchschauen meint, als er selbst von sich gewußt hat oder preiszugeben gewillt war« (RV 12). Leitfaden und Maßstab der Darstellung ist deshalb Rahel Varnhagens eigene Vorgabe, das Leben leben zu wollen wie ein Kunstwerk, es hinzunehmen wie »Wetter ohne Schirm« (RV 10). So wird die Biografie zu einer mimetischen Anverwandlung; Arendts Kritik am Fortschrittsglauben Varnhagens erscheint im Gewand der Selbstkritik einer emanzipierten Jüdin, die das Ende ihrer eigenen Epoche bereits heraufziehen sieht.

In diesem Sinn steckt Arendt ihr Feld weiträumig ab. Nicht über Varnhagens Kindheit berichtet sie, sie konzentriert sich auf die Gemengelage von Vorurteilen, Hindernissen, fehlenden Bildungsmöglichkeiten, Anpassungszwängen und Anpassungswünschen, mit der die Kinder reicher oder gebildeter Juden sich um die Wende zum 19. Jahrhundert konfrontiert sahen und der sie je individuell zu entkommen suchten. Den Ausgangspunkt bildet nicht Varnhagens Geburt, sondern ihr Sinneswandel im Totenbett, der von ihrem Ehemann August Varnhagen van Ense überliefert wurde (hier zit. nach RV 15): »Welche Geschichte! – Eine aus Ägypten und Palästina Geflüchtete bin ich hier und finde Hilfe, Liebe und Pflege von Euch! […] Mit erhabenem Entzücken denk' ich an diesen meinen Ursprung und diesen ganzen Zusammenhang des Geschickes, durch welches die ältesten Erinnerungen des Menschengeschlechts mit der neuesten Lage der Dinge, die weitesten

Zeit- und Raumfernen verbunden sind. Was so lange Zeit meines Lebens mir die größte Schmach, das herbste Leid und Unglück war, eine Jüdin geboren zu sein, um keinen Preis möchte ich das jetzt missen.«

Varnhagens Irrungen und Wirrungen werden von Arendt retrospektiv umgedeutet zu Meilensteinen auf dem Weg zur späten Besinnung: das unansehnliche Äußere der Dichterin, ihre finanzielle Abhängigkeit von den Brüdern (die Grund genug gewesen wäre, »vernünftig« zu heiraten), der Makel der jüdischen Geburt und die mangelnde Bildung. Nichts hatte sie gehalten von dem Vorschlag des jüdischen Kaufmanns David Friedländer (1750–1834), alle Juden sollten sich taufen lassen – unter der Bedingung, dass sie nicht an Jesus glauben müssten, und auch die Emanzipationsbewegung hatte sie nicht interessiert. Ganz allein wollte sie, die mit dem Judentum »nichts anfangen« konnte, ihrer »Schlemihl-Existenz« entkommen. Ihre Strategie: sich die Welt so denken, wie sie sie gern hätte. »Aus Facta mach ich mir gar nichts« (RV 22), zitiert Arendt aus einem Brief an David Veit, einen befreundeten jüdischen Studenten. Fakten werden umgedeutet zu Meinungen, Wirklichkeit wird zum sozialen Phänomen. Doch das Faktum der jüdischen Geburt kann Varnhagen auch durch eine noch so geschickte Wirklichkeitskonstruktion nicht aus der Welt schaffen.

Ihre Geschichte gleicht einer Kette von Ausbruchsversuchen, in der christliche, vorzugsweise adlige Männer die Hauptrolle spielen. Als erster Fluchthelfer – aus dem Judentum wie aus der Wirklichkeit – fungiert Graf Karl von Finckenstein, den Varnhagen 1795 kennenlernt. Es folgen der Spanier Don Raphael d'Urquijo, der sich in ihren Berliner Kreis nicht besser integrieren lässt als der Graf, schließlich der vierzehn Jahre jüngere August Varnhagen, der sie abgöttisch verehrt und sie im Anschluss an ihre Taufe im Jahr 1814 heiratet. So viel ist in ihrem Leben schiefgegangen, nur die Flucht aus ihrer jüdischen Existenz scheint geglückt – und gerade diese Flucht sollte sie auf dem Totenbett bereuen.

Arendts Darstellung handelt vom sozialen Antisemitismus in Zeiten der Assimilation, und sie handelt von der Liebe: nicht von der Liebe als Phänomen, wie Augustinus sie untersucht hatte, sondern von der Liebe als Eintrittsbillett in die christliche Gesellschaft. Mit Verweis auf das Scheitern ihrer Protagonistin warnt Arendt vor individuellen Fluchten aus dem Judentum und favorisiert fortan den Typus des »Paria«, der im Gegensatz zu dem sich selbst verleugnenden Parvenü die feindselige Umwelt mit seinem Anderssein konfrontiert. Nicht die Assimilation werde dem Antisemitismus ein Ende setzen, zumal Assimilation im 19. Jahrhundert stets die Assimilation an eine antisemitische Mehrheit gewesen sei, das könne allein die positive Anerkennung der Pluralität im Hinblick auf Individuen und ihre Meinungen ebenso wie im Hinblick auf Traditionen, Kulturen und Religionen.

Als Arendt 1933 nach Paris flüchtete, war die Varnhagen-Biografie, bei der es sich auch um einen Dialog mit einer Wahlverwandten handelt, weitgehend fertiggestellt. Als Habilitationsschrift konnte sie infolge der Flucht nicht mehr eingereicht werden; vielmehr verschwand das Manuskript, dem Arendt in Paris zwei abschließende Kapitel hinzufügte, für ein Vierteljahrhundert in der Schublade und wurde erst 1958 auf Drängen des Leo-Baeck-Instituts[9] in englischer Übersetzung veröffentlicht. Unterdessen hatte Arendt ihre Überlegungen zur sozialen und politischen Stellung des Judentums im 19. Jahrhundert im Zusammenhang einer Entstehungsgeschichte totalitärer Systeme noch einmal neu formuliert. In ihrem Werk *Elemente und Ursprünge totaler Herrschaft* verdichtete sie die auf Varnhagen bezogenen Analysen zu einer

Analyse des Antisemitismus in seiner Funktion als Wegbereiter totalitärer Systeme. Damit vollzog sie endgültig den Wechsel von einer philosophisch-literarischen zu einer politisch-historischen Perspektive, die sie in den folgenden Jahrzehnten konsequent weiterentwickelte.

Elemente und Ursprünge totaler Herrschaft

Nachdem sie 1933 aus Deutschland geflohen war, arbeitete Arendt in Paris für verschiedene Personen und Institutionen. Zunächst verdiente sie ihren Lebensunterhalt als Privatsekretärin von Germaine de Rothschild, später arbeitete sie für Agriculture et Artisanat und für die Jugend-Aliyah, zwei Organisationen, die jüdische Jugendliche und junge Erwachsene bei der Übersiedlung nach Palästina unterstützten. Ihre Freizeit verbrachte sie in der Bibliothèque Nationale, wo sie sich mit Themen beschäftigte, die zuvor nicht unbedingt zu ihren Interessengebieten gezählt hatten: mit der Geschichte der europäischen Nationalstaaten, des Imperialismus und des Antisemitismus in Frankreich und Deutschland. 1940 wurde Arendt, wie alle anderen Deutschen, als »feindliche Ausländerin« interniert. Sie entschloss sich infolgedessen, die Flucht nach Amerika anzutreten. Gemeinsam mit ihrem zweiten Ehemann, Heinrich Blücher, überquerte sie illegal die spanische und portugiesische Grenze und reiste 1941 mit amerikanischen Notvisa in die Vereinigten Staaten ein. Auch in New York betrieb Arendt, parallel zu ihrer Tätigkeit als Lektorin im Schocken-Verlag beziehungsweise als Mitarbeiterin der Jewish Cultural Reconstruction, eigene historische Studien, die anfangs von dem Historiker Salo W. Baron begleitet wurden. Er machte sie mit einigen wichtigen Redakteuren von Fachzeitschriften bekannt, so dass sie, nachdem sie sehr schnell begonnen hatte, Englisch zu schreiben, wieder Anschluss an die *scientific community* fand.

International bekannt wurde Arendt mit einem Buch, dessen Vorarbeiten noch auf die Pariser Zeit zurückgingen und das 1951 unter dem Titel *The Origins of Totalitarianism* im New Yorker Verlag Harcourt Brace Jovanovich erschien. Bei diesem Buch handelt es sich um einen großangelegten Versuch, die

Entstehung von Nationalsozialismus und Stalinismus vor dem Hintergrund der europäischen Geschichte im Zeitalter der Nationalstaaten zu erklären. Das Werk besteht aus drei Teilen, von denen der erste den Antisemitismus, der zweite den Imperialismus und der dritte die »totale Herrschaft« zum Gegenstand hat.

Antisemitismus

Im ersten Teil der *Elemente und Ursprünge totaler Herrschaft* behandelt Arendt die Geschichte des Antisemitismus in Preußen und Frankreich bis zum Ende der Dreyfus-Affäre. Für sie sind die Ursachen des Antisemitismus in der historischen Entwicklung des Verhältnisses von Juden und Nichtjuden in den europäischen Nationalstaaten zu suchen; sozialpsychologische Konstrukte wie Sündenbocktheorien könnten den Antisemitismus nicht hinreichend erklären. Am Beispiel Preußens will sie aufweisen, dass der Antisemitismus so lange ein eher marginales Ärgernis gewesen sei, wie die Juden – genauer gesagt: die Hofjuden oder »generalprivilegierten« Juden, wie sie in Preußen genannt wurden – eine klar umrissene Funktion innerhalb des Staates hatten. Diese bestand darin, den jeweiligen Staatshaushalt zu finanzieren, und zwar ohne politischen Einfluss nehmen zu können. Erst als sie diese Funktion verloren hatten, seien sie für »überflüssig« befunden und aus ihren Positionen verdrängt worden. Aufgrund eines Missverständnisses der christlichen Mehrheitsbevölkerung seien die Juden jedoch auch nach diesem Funktionsverlust noch mit Staaten und Regierungen identifiziert worden, deren Finanzierung sie zuvor gesichert hatten. Sobald nun eine soziale Gruppe mit dem Staat in einen Konflikt geriet, seien die Aversionen gegen diesen Staat unmittelbar auch auf die Juden übertragen worden. (EU 90) Ein besonderer Fall ist dabei die Familie Rothschild, eine jüdische Bankiersfamilie, deren Mitglieder über mehrere europäische Länder verstreut lebten und sich an der Finanzierung verschiedener Nationalstaaten gleichzeitig beteiligten: »Wo konnte es eine bessere Demonstration für die phantastische Vorstellung einer jüdischen Weltherrschaft geben als im Bild dieser einen Familie, in der fünf Brüder sich in die Staatszugehörigkeit von fünf Ländern teilten und in engster Zusammenarbeit zumindest drei verschiedenen Staaten – Frankreich, Österreich und England – die finanziellen Geschäfte besorgten, ohne daß ihre Solidarität auch nur für einen Moment durch die zwischen diesen Ländern bestehenden Konflikte und widerstrebenden Interessen gestört werden konnte? Keine politische Propaganda hätte sich ein wirksameres Symbol ausdenken können als diese Wirklichkeit.« (EU 65)

Die Rothschilds erschienen der christlichen Bevölkerung suspekt, weil sich diese ein Volk ohne den Willen zur Macht, ohne Interesse an direkter Einflussnahme auf die Staatsangelegenheiten nicht vorstellen konnte. Nicht der Besitz der Macht, sondern die Weigerung, sie zu ergreifen, machte die Juden verdächtig. Verschwörungstheorien unterschiedlichster Natur wurden entwickelt, in denen Juden wahlweise zu Kommunisten, zu Kapitalisten oder zu Staatsfeinden erklärt wurden.

In der zweiten Hälfte des 19. Jahrhunderts luden sich die Ressentiments gegen die Juden, die zunächst eher sozialer Natur gewesen waren, sukzessive politisch auf und fanden sich bald in den Programmen etlicher neu aus dem Boden sprießender Parteien, der »Antisemitenparteien«, wieder. Verschärft wurde diese Tendenz durch die zahlreichen Krisen und Affären, die die europäischen Staaten der Gründerzeit in ihren Grundfesten erschütterten. Zwar waren die Juden nicht unmittelbar beteiligt an Finanzskandalen wie der Panama-Affäre in Frankreich oder dem Gründerkrach von 1873, in dessen Verlauf der deutsche Aktienmarkt mit Kapital übersättigt wurde, in die Krise geriet und schließlich zahlreiche Banken und Unternehmer in den Konkurs trieb. Gleichwohl wurden sie wegen ihrer Rolle als (ehemalige) Staatsbankiers unwillkürlich oder auch gezielt in den Sog dieser Ereignisse hineingezogen. Die Antisemitenparteien nutzten diese Situation für den Versuch, die Juden aus allen Bereichen des sozialen, wirtschaftlichen und politischen Lebens herauszudrängen, wobei sie sich selbst überparteilich gerierten und vorgaben, den Staat in seiner Gesamtheit gegen die Juden verteidigen zu wollen. Damit offenbarten sie, so Arendt, nicht nur ihre Unkenntnis der tatsächlichen Rolle der Juden, sondern auch ein genuines Unverständnis demokratischer Grundregeln, denen zufolge eine Partei immer nur partikulare Interessen in der Auseinandersetzung mit anderen Parteien vertreten, nicht aber den ganzen Staat repräsentieren kann. Die Vertreter der Antisemitenparteien erklärten sich selbst zu Gegnern der Demokratie und wurden zu Vorreitern derjenigen faschistischen oder totalitären Bewegungen, die dann mit einiger Verzögerung im 20. Jahrhundert für eine radikale Veränderung der politischen Landschaft in Europa sorgten. (EU 82)

Gleichzeitig richtete sich auch die politische Linke gegen die Juden. Begründet wurde dies mit der Notwendigkeit des Kampfes gegen jüdische Kapitalisten, doch resultierte die antisemitische Haltung der Linken aus der generellen Identifizierung der Juden mit Staat und Kapital; in Frankreich spielte zudem die antiklerikale Grundhaltung der Linken, die sich gegen das orthodoxe Judentum ebenso richtete wie gegen den katholischen Klerus, eine nicht unerhebliche Rolle. (EU 96–98)

All diesen Feindseligkeiten zum Trotz war die soziale Assimilation der Juden in Deutschland und Frankreich gegen Ende des 19. Jahrhunderts bereits recht weit fortgeschritten. Auch dort, wo Juden rechtlich nicht gleichgestellt waren, pflegten sie intensive Beziehungen zur christlichen Mehrheitsgesellschaft, was von Teilen dieser Mehrheit ausdrücklich begrüßt, von anderen Teilen als massive Bedrohung wahrgenommen wurde. Zwar gelang es, so Arendt, einer kleinen Gruppe von gebildeten »Ausnahmejuden«, sich scheinbar perfekt in die christliche Gesellschaft zu integrieren, doch zahlten sie dafür einen hohen Preis: Entweder sie verleugneten ihre eigentliche Herkunft und wurden zu Parvenüs, zu opportunistischen Emporkömmlingen, oder sie arrangierten sich dauerhaft mit dem Status als »Ausnahmejude«, der nicht um seiner selbst, sondern um seiner exotischen Herkunft willen gelitten wurde und stets damit rechnen musste, dass die christliche Mehrheit dieses Interesse auch wieder verlor. Nur wenige Juden zogen es vor, eine »Pariaexistenz« und ein Leben jenseits aller gesellschaftlichen Bindungen in sozialer Einsamkeit zu führen. Keine der beiden Lösungen war, so Arendts Urteil, auch nur annähernd akzeptabel. Fortan bildeten das »Bedauern der Parias, es nicht zum Parvenu gebracht, und das schlechte Gewissen des Parvenu, das Volk verraten, seine Herkunft verleugnet und die Gerechtigkeit für alle gegen individuelle Vorrechte eingetauscht zu haben, [...] den Grundstock der sogenannten komplizierten seelischen Verfassung durchschnittlicher Juden« (EU 128f.).

Als Meilenstein in der Entwicklung des modernen Antisemitismus schildert Arendt die Dreyfus-Affäre, die Frankreich um die Jahrhundertwende erschütterte und in der sich die Nation anlässlich eines Hochverratsprozesses gegen den jüdischen Hauptmann Alfred Dreyfus (1859–1935) in zwei Lager spaltete: in das der Gegner und das der Freunde der Juden. Dabei profilierte sich vor allem der Schriftsteller Émile Zola (1840–1902) als deren Verteidiger, während sich die französischen Jesuiten massiv gegen Dreyfus und das Judentum wandten. Auch hier spielte das Argument, den Juden gehe es nur um die Macht im Staat, eine zentrale Rolle, obgleich längst offensichtlich war, dass die meisten Juden eher Assimilation und Gleichberechtigung anstrebten als politische Macht.

In dieser verfahrenen Situation betrat, so Arendt, der »Mob« die Bühne der Weltgeschichte – ein Mob, der keineswegs mit dem Volk identisch war, der sich vielmehr aus den Deklassierten aller Klassen zusammensetzte. (EU 189) Hier fanden Menschen zusammen, die außerhalb aller politischen und sozialen Zusammenhänge standen, und brachten mit der *Ligue Antisémite* eine Organisation hervor, deren Entstehung (im Anschluss an die Gründung der deutschen Antisemitenparteien) den Punkt markiert, an dem »die beschränkte Realbasis des Interessengegensatzes und der nachvollziehbaren Erfahrung verlassen und der Weg beschritten wurde, der schließlich zur ›Endlösung‹ führte« (EU 24). Hatte es Arendts Ansicht nach zuvor noch Konflikte im sozialen oder politischen Leben gegeben, die die Ressentiments der christlichen Mehrheit gegen die jüdische Minderheit nachvollziehbar machten, wenn auch nicht rechtfertigten, so entwickelte sich nun im Schatten der Gobineauschen Vererbungslehre eine bis dahin unbekannte Form des Antisemitismus. Die Argumente waren nun nicht mehr sozialer oder politischer, sie waren erstmals biologischer und rassentheoretischer Natur; damit wurde der Weg frei für einen rassistisch begründeten Antisemitismus, der Hitler nur wenige Jahrzehnte später als Argumentationsgrundlage für die physische Vernichtung aller Juden dienen sollte.

Imperialismus

Die im ersten Teil der *Elemente und Ursprünge totaler Herrschaft* beschriebene Wende vom soziopolitischen zum biologisch-rassistischen Ressentiment ist auch für den zweiten Teil, der vom Imperialismus handelt, zentral. Arendts Ausgangspunkt bildet hier, ähnlich wie im ersten Teil, eine Darstellung der europäischen Bourgeoisie im Zeitalter des Kolonialismus. Der untersuchte Zeitraum beginnt mit der Unterwerfung des afrikanischen Kontinents durch die europäischen Nationalstaaten (dem »scramble for Africa«) und endet mit der Aufgabe der britischen Herrschaft über Indien im Jahr 1947. Als Blütezeit des Imperialismus beschreibt Arendt die drei Jahrzehnte von 1884 bis 1914, in denen die Europäer die Länder Afrikas und Asiens unter sich aufteilten, während in Europa selbst – gemessen an den sich überschlagenden Ereignissen in den kolonisierten Ländern – eine eigentümliche Ruhe herrschte; eine Ruhe, die Arendt rückblickend als Ruhe vor dem Sturm des Ersten Weltkriegs bezeichnet. (EU 217)

In diese Zeit fällt die politische Emanzipation und wirtschaftliche Expansion des Bürgertums – eine Expansion, die bald an ihre innereuropäischen Grenzen stieß. Die Bourgeoisie bemühte sich um die ständige Steigerung der Produktion und die Erschließung neuer Absatzmärkte jenseits der eigenen Landesgrenzen. Doch während die Dynamik des Kapitalexports schier unbegrenzt zu sein schien, gerieten die europäischen Nationalstaaten im Zuge ihrer Expansion in einen unlösbaren Konflikt mit den eigenen Geschäftsgrundlagen: Nur mit großer Heuchelei konnte man die neuen Untertanen in ein Gemeinwesen integrieren, dessen Legitimation der Einheit von Volk, Sprache und Territorium entsprungen war.

In dieser historischen Situation hatte Europa nicht nur überflüssiges Kapital, sondern auch reichlich »überflüssige« Menschen zu exportieren, deren sozialer Status noch unter dem der verarmten Industriearbeiter lag. Der »Mob«, wie Arendt diese neue Klasse bezeichnet, war keineswegs identisch mit der Unterschicht im ökonomischen Sinn, er vereinte all diejenigen, für die die europäische Gesellschaft keinen Platz und keine Aufgabe mehr hatte. Sie suchten ihr Glück in Kolonien und erwiesen sich dort als noch größere Tyrannen als die Angehörigen der expandierenden Bourgeoisie. (EU 264 f.) Sie positionierten sich sozial und moralisch außerhalb ihrer eigenen Gesellschaft und pflegten ein Abenteurerimage, unter dessen Deckmantel sie brutal gegen die Einheimischen vorgingen. Politisch gefährlich wurde der Mob in dem Moment, in dem er die innere Widersprüchlichkeit nationalstaatlicher Expansion erkannte und sie für die eigene politische Ideologie zu nutzen begann – eine Ideologie, die den Rassismus der Weißen gegenüber den Schwarzafrikanern als eine dem Nationalismus entgegengesetzte Ideologie entwickelte: Während der Nationalismus eine historisch gewachsene, sprachlich homogene und an ein gemeinsames Territorium gebundene Gruppe fokussierte, forderte der Rassismus die Überwindung aller kulturellen Faktoren und den Kampf einer alle nationalen Grenzen sprengenden, pseudobiologisch legitimierten »Herrenrasse« gegen das internationale »Untermenschentum«.

Protagonisten dieses neuen Rassismus waren neben Arbeitslosen, Abenteurern und Hilfsarbeitern auch Teile des alten Adels, der im nachrevolutionären Frankreich wie in anderen europäischen Nationalstaaten seine Macht verloren hatte und nun versuchte, sich selbst über den Begriff der Rasse wieder aufzuwerten. (EU 276 f.) Parallel dazu entwickelte sich in Preußen eine Ideologie, die nicht die Überlegenheit des Adels, sondern die Bedeutung der Volksgemeinschaft betonte. Auch diese völkische Bewegung berief sich auf die angebliche Überlegenheit jener, die das »Band der Blutsverwandtschaft« miteinander verband. (EU 279)[10] So trat der biologische Rassebegriff sukzessive an die Stelle der Einheit von Volk, Sprache und Territorium – mit der Folge, dass Minderheiten wie die Juden, die innerhalb der Nation noch hätten assimiliert werden können, aus der »Volksgemeinschaft« ausgeschlossen beziehungsweise als Bedrohung für deren Existenz betrachtet wurden.

In diesem Milieu machte der fünfzig Jahre zuvor erschienene *Essai sur l'Inégalité des Races Humaines* von Joseph Arthur Comte de Gobineau (1816–1882) Karriere, der 1853 erstmals gedruckt worden war und nun eine breite Rezeption erfuhr. Gobineau vertrat darin die These, der Untergang degenerierter Rassen sei auf deren Vermischung mit anderen Rassen zurückzuführen, weshalb eine solche strikt zu vermeiden sei. Galt dies schon für die Juden, die seit vielen Jahrhunderten unter den europäischen Völkern lebten und von diesen in ihrer Physiognomie kaum zu unterscheiden waren, so galt dies umso mehr für die schwarzen Menschen in Afrika, die als Menschen überhaupt anzuerkennen die ersten Kolonialherren sich nachhaltig sträubten. Die südafrikanischen Buren fühlten sich von ihnen offenbar existenziell so bedroht, dass sie die »rassische« Abgrenzung für wichtiger befanden als ihren eigenen wirtschaftlichen Profit. Arendt zufolge handelt es sich hier um den einzigen Fall *vor* dem Aufkommen des Nationalsozialismus, in dem zweckrationale Argumente den vorgeblichen Zwängen der rassistischen Ideologie eindeutig untergeordnet wurden.

Die Entwicklung einer rassistischen Ideologie, die der Mob in Übersee forcierte, ging innerhalb Europas auf das Konto der Pan-Bewegungen, zu denen neben den panslawistischen Bewegungen vor allem die »Alldeutschen« zählten. Sie propagierten die Einheit der Deutschen unabhängig von ihrer Staatsbürgerschaft und versuchten, auch die deutschen Minderheiten außerhalb des eigenen Staatsgebietes auf der Grundlage völkischer Ideologie einzubinden. Paradoxerweise wandten sich, wie Arendt erläutert, gerade diese Bewegungen gegen die Juden, deren Existenz als ein über viele Staaten und Nationen verstreutes Volk ihnen doch eigentlich als Vorbild hätte dienen können. Stattdessen unterstellten sie ihnen eine Weltverschwörung mit dem Ziel, alle anderen Völker zu unterwerfen; die Juden müsse man deshalb, so die Argumentation der Panslawisten, nicht nur politisch bekämpfen, sondern physisch vernichten. Mit diesem Antisemitismus rückten »die Juden mit einem Schlage in das Sturmzentrum der Ereignisse des zwanzigsten Jahrhunderts; was die Geschichte des europäischen Judentums anlangt, so sollte dies der Anfang vom Ende sein« (EU 388).

War der Imperialismus einerseits geprägt vom Willen zur Expansion und von der ideologischen Abgrenzung der weißen Europäer gegen Schwarzafrikaner und Juden, entwickelte sich gleichzeitig auch die Bürokratie als neue Herrschaftsform, die statt auf der Grundlage von Gesetzen auf der Grundlage einmalig ausgesprochener Verordnungen agierte. Legalität wurde in der bürokratischen Herrschaft dadurch unterwandert, dass keine Anordnung mehr von Dauer war und deshalb auch nicht eingeklagt werden konnte. Diese Form der Herrschaft war zunächst typisch für die Kolonien und erlangte im Nationalsozialismus ihren negativen Höhepunkt. Zwar hatte, so Arendt, ein britischer Verwaltungsbeamter in den zwanziger Jahren bereits vorgeschlagen, die Herrschaft über Indien notfalls mithilfe eines »Verwaltungsmassenmordes« aufrechtzuerhalten, doch war die britische Regierung weit davon entfernt, die Umsetzung solcher Überlegungen ernsthaft zu erwägen. In den Konzentrationslagern aber, die unter nationalsozialistischer Herrschaft in ganz Europa eingerichtet wurden, wurde mit dieser Idee auf grausame Weise Ernst gemacht.

In der Verschmelzung von Antisemitismus, völkischer Ideologie und Bürokratie, in der Entstehung des Mobs, der Zersetzung der europäischen Nationalstaaten durch supranationale Bewegungen und in der Expansion um der Expansion willen sieht Arendt den Nährboden für das totalitäre System des Nationalsozialismus, das sie im dritten Teil der *Elemente und Ursprünge totaler Herrschaft* untersucht und mit der totalitären Herrschaft in der Sowjetunion unter Stalin vergleicht.

Totale Herrschaft

Im dritten Teil der *Elemente und Ursprünge totaler Herrschaft* unternimmt Arendt den Versuch, die totale Herrschaft – auch »totalitäre Herrschaft« genannt – als neue Staatsform zu beschreiben und als Forschungsgegenstand der vergleichenden Politikwissenschaft zu etablieren. Als Beispiele für diese Staatsform nennt sie das NS-Regime und den Stalinismus. Beide fallen ihrer Ansicht nach nicht unter die sechs von Aristoteles beschriebenen Staatsformen der Demokratie, Aristokratie und Monarchie beziehungsweise deren Verfallsformen Ochlokratie (Pöbelherrschaft), Oligarchie und Diktatur. Zwar weisen, so Arendt, Nationalsozialismus und Stalinismus jeweils diktatorische Elemente auf, doch unterscheiden sie sich von einer klassischen Diktatur durch eine Reihe von Charakteristika, die für diese untypisch oder historisch neu sind. Neben dem Führerprinzip sind dies vor allem die Zwiebelstruktur des Herrschaftsapparates (die hierarchische Gliederung des Staates in verschiedene, einander mehrfach überlappende Ebenen), die Stiftung von organisatorischem Chaos durch Ämterdoppelung und unklare Kompetenzverteilung, die Umformung einer Partei zu einer Bewegung, die Entwicklung einer handlungsweisenden Ideologie, die Ausübung von Terror und die Einrichtung von Konzentrationslagern, die als Modell einer totalitär beherrschten Gesellschaft fungieren.

Als augenfälligstes Beispiel für das organisierte bürokratische Durcheinander innerhalb des nationalsozialistischen Systems nennt Arendt die parallele Existenz dreier Instanzen, die für Außenpolitik zuständig waren: Neben dem Auswärtigen Amt wurden zusätzlich das Rosenberg-Büro und das Ribbentrop-Büro eingerichtet, die für die Beziehungen mit den ost- und südosteuropäischen beziehungsweise mit den westlichen Staaten zuständig waren. Ähnliches gilt für die Gründung des

Münchner Instituts zur Erforschung der Judenfrage im Jahr 1933 und die sieben Jahre später erfolgende Gründung eines Instituts zur Erforschung der Judenfrage in Frankfurt unter der Leitung von Alfred Rosenberg sowie die Gründung einer Spezialabteilung für das Studium des Judentums im Berliner Reichssicherheitshauptamt, geleitet von Adolf Eichmann. Dabei handelte es sich, so Arendts These, nicht um eine zufällige oder unbeabsichtigte Doppelung von Ämtern und Zuständigkeiten, sondern um eine gezielte Strategie der Verwirrung im Dienste der Umformung einer Partei zu einer Bewegung; nur dadurch, dass die Ämter und Institutionen in ständiger Bewegung blieben, habe man sie als Teil der Bewegung erscheinen lassen können. (EU 621 f.)

Ebenso wie die staatlichen Instanzen waren auch die Instanzen der Partei nur schwer durchschaubar, was sich für die politischen Akteure immer dann als gefährlich erwies, wenn unterschiedliche Weisungen seitens der SA, der SS oder des Sicherheitsdienstes vorlagen. Die Folge war völlige Unklarheit über die aktuelle Machtsituation, die nur durch ein Wort des »Führers« beseitigt werden konnte. Doch auch die Position des »Führers« veränderte sich ständig, so dass seine Untergebenen gezwungen waren, eine Art sechsten Sinn für die jeweils neuesten Veränderungen zu entwickeln (EU 622 f.), wenn sie nicht den Verschiebungen im Machtgefüge zum Opfer fallen wollten – was in der Sowjetunion im Zuge der großen Säuberungen das Schicksal Hunderttausender Parteimitglieder war.

Der Aufbau einer politischen Bewegung, die Arendt zufolge für Hitler ebenso wichtig war wie für Stalin, sicherte die Integration der Massen und die Übertragung der »Bewegungsenergie« auf die gesamte Bevölkerung. Während in der Bundesrepublik der fünfziger und sechziger Jahre die Ansicht verbreitet war, die deutsche Bevölkerung sei durch Propaganda und Gehirnwäsche zur Unterstützung Hitlers bewegt oder gar gezwungen worden, erklärt Arendt, der Nationalsozialismus hätte sich ohne breite Unterstützung durch die in Bewegung versetzte Bevölkerung unmöglich zwölf Jahre lang halten können, und auch Stalin habe sich anfangs der Unterstützung durch die Mehrheit der Bevölkerung durchaus sicher sein können.

Sowohl Hitler als auch Stalin sei es gelungen, alte Klassengesellschaften mittels politischer Bewegungen in Massengesellschaften zu überführen, die sich vom Mob dazu verleiten ließen, ihre traditionellen politischen Positionen aufzugeben. Das nun entstehende Chaos habe Hitler und Stalin die Gelegenheit geboten, ihre totalitären Systeme zu installieren, doch sei dies nicht ihrer »Meisterschaft in der Kunst des Lügens« zu verdanken gewesen, sondern »der Tatsache, daß sie es vermochten, die Massen so zu organisieren, daß ihre Lügen sich in Wirklichkeit umsetzten« (EU 537).

Beide Entwicklungen – die Stiftung von organisatorischem Chaos wie auch die Verbreitung sozialer und politischer Orientierungslosigkeit – bildeten den Nährboden für die Entstehung totalitärer Ideologien, deren Ziel im Fall des Nationalsozialismus die Schaffung einer Herrenrasse, im Fall des Stalinismus die Schaffung einer klassenlosen Gesellschaft war. In dem Moment, in dem die Bevölkerungen diese Ideologien verinnerlichten, schlug die Herrschaft des Gesetzes um in Terror, der das Wesen totalitärer Herrschaft ebenso bestimmt wie das ideologische Denken. Terror ist nicht Mittel zum Zweck der Herrschaftssicherung, sondern ein Selbstzweck, der das totalitäre System ebenso kennzeichnet wie den historischen Prozess, dem jeder Einzelne sich bedingungslos unterzuordnen hat. Das Individuum ist Vollstrecker dieses Prozesses, und zwar unabhängig davon, in welcher Rolle es sich selbst sieht:

»Das Argument, mit dem man überzeugte und loyale Parteianhänger zu Geständnissen zwingt, ist in vielen Abwandlungen grundsätzlich immer das gleiche: Da du ein überzeugter Bolschewist bist, weißt du, daß die Partei immer recht hat. Aus Gründen des objektiven geschichtlichen Prozesses muß die Partei in diesem Augenblick bestimmte Verbrechen bestrafen, welche historisch sich unausweichlich in diesem Zeitpunkt ereignen müssen. Für diese Verbrechen braucht sie Verbrecher. Entweder hast du im Zug der historischen Notwendigkeit die Verbrechen, die wir dir zur Last legen, wirklich begangen, und dann bist du ein Feind der historischen Entwicklung (und das heißt der Partei als dem Exponenten dieser Entwicklung), oder du hast sie nicht begangen und weigerst dich, die historisch notwendige Rolle des Verbrechers zu spielen; dann begehst du das Verbrechen, das wir dir zur Last legen, eben durch deine Weigerung, es zu bekennen.« (EU 722)

Noch nie in der Geschichte der Menschheit, so Arendt, war es für den Einzelnen so schwer, sich der Dynamik eines allgegenwärtigen, die Grenze zwischen dem Privaten und dem Politischen ständig verwischenden Systems dauerhaft zu entziehen. Indem sie jedes spontane öffentliche Handeln unterbanden, schufen Nationalsozialismus und Stalinismus eine Atmosphäre der »organisierten Verlassenheit«, die der Natur des Menschen als *zoon politikon* gänzlich zuwiderlief. Trotzdem schließt Arendt ihr Werk mit einem Augustinus-Zitat, dem zufolge der Mensch geschaffen wurde, damit »ein Anfang sei« (EU 730). Ausdrücklich verweist sie darauf, dass es in der Natur des Menschen liege, der zwanghaften Logik von Ideologie und Terror durch spontanes und unberechenbares Handeln in jedem Augenblick entkommen zu können; dies allein garantiere die Möglichkeit der Freiheit und rechtfertige die Hoffnung auf ein Ende totalitärer Herrschaft, die bei Erscheinen der *Origins of Totalitarianism* im Jahr 1951 in der Sowjetunion noch intakt war. Für die Frage nach dem Verhältnis von Politik und Philosophie sind diese Überlegungen ein Meilenstein. Erstmals wendet Arendt die aus der Augustinus-Lektüre gewonnenen Erkenntnisse auf einen politisch-historischen Sachverhalt an und versucht – mithilfe der Begriffe »Natalität«, »Spontaneität« und »Pluralität« – einen Weg aus den Aporien der totalitären Herrschaft zu weisen. Den Menschen sei es nur deshalb möglich, der Tyrannei des Schlussfolgerns und dem Terror ideologisch begründeter Herrschaft zu entkommen, weil sie viele und voneinander verschieden sind, weil sie kommunizieren und kritisch reflektieren können. Grundlegend distanziert Arendt sich damit von denjenigen, die die Existenz des bekanntermaßen schwachen Widerstands gegen den Nationalsozialismus historisch, politisch oder ethisch zu begründen suchten. Vielmehr verortet sie das Potenzial, sich dem Unrechtsregime zu widersetzen, unmittelbar in der *conditio humana*, in der Beschaffenheit des Menschen als eines pluralen und politischen Wesens. Immer wieder griff sie fortan die Frage nach den Formen und Bedingungen menschlichen Daseins und menschlichen Miteinanders auf, die in dem Werk *Elemente und Ursprünge totaler Herrschaft* noch eine untergeordnete Rolle gespielt hatte.

Das Werk in seiner Zeit

Als Arendts Buch über die totale Herrschaft 1951 erschien, gehörte es neben Werken wie Franz Neumanns *Behemoth*, Carl Joachim Friedrichs *Totalitarian Dictatorship* oder Eugen Kogons *SS-Staat*[11] zu den ersten Versuchen, die Entstehung und Bedeutung des Nationalsozialismus historisch zu erklären. Karl Jaspers charakterisierte das Werk als »Geschichtsschreibung großen Stils«, weil es weder ideologisch gefärbt noch im Sinne eines fatalistischen »Es musste ja so kommen« angelegt sei.[12] Gleichwohl wurde bald auch Kritik laut, die auf Arendts begrenzte Kenntnis der sowjetischen Verhältnisse und das offensichtliche Ungleichgewicht im Vergleich von Nationalsozialismus und Stalinismus abzielte. Tatsächlich ist kaum zu übersehen, dass die Beschreibung der totalen Herrschaft eher auf den Nationalsozialismus zugeschnitten ist als auf die Sowjetunion und dass einige entscheidende Unterschiede vollständig ausgeblendet werden, zum Beispiel, dass Stalin große Teile des eigenen Volks vernichten ließ, während unter nationalsozialistischer Herrschaft vor allem andere Völker (Juden, Slawen, Sinti und Roma) vernichtet werden sollten.

Dementsprechend ist auch der Aufbau des Buchs ungleichgewichtig: Zwei Drittel sind der Darstellung der antisemitischen und imperialistischen Vorgeschichte des Nationalsozialismus gewidmet, und erst im dritten Teil kommen die Verhältnisse in der Sowjetunion zur Sprache. Für zusätzliche Verwirrung sorgte der Umstand, dass Arendt der zweiten Auflage von 1956 ein ganz neues Kapitel über »Ideologie und Terror« hinzufügte und im neu geschriebenen Vorwort auf die Entwicklungen in der Sowjetunion nach Stalins Tod im Jahr 1953 einging. So entstand unwillkürlich der Eindruck, Arendts erstes großes Werk sei kein Beitrag zur systematischen Geschichtsforschung, sondern ein chaotisch angelegtes historisches Erstlingswerk. Gleichwohl ist es Arendts Verdienst, Hitlers Terrorregime nicht länger als monolithische Tyrannei, sondern als ein komplexes Universum beschrieben zu haben, innerhalb dessen Menschen auf der Grundlage rassistischer Ideologie dazu gebracht wurden, andere Menschen in Lager zu sperren, für überflüssig zu erklären und systematisch zu ermorden – ohne dass sie unbedingt von blindem Hass oder anderen niederen Motiven getrieben worden wären.

Hannah Arendt ist es außerdem zu verdanken, dass den überwiegend marxistisch ausgerichteten Faschismustheorien, die das NS-Regime als Perversion des Kapitalismus begriffen und einen systematischen Vergleich mit anderen faschistischen Staaten wie Italien oder Japan vornahmen, ein alternatives Erklärungsmodell entgegengesetzt wurde. Ähnlich wie für Karl Dietrich Bracher oder Carl Joachim Friedrich spielte für sie weniger das Wirtschaftssystem als vielmehr die politisch-ideologische Eigendynamik die entscheidende Rolle bei der Entfaltung der mörderischen Gewalt beider Systeme.

In Deutschland war es indes gerade dieser Faktor, der die Rezeption des Werks nachhaltig verzögerte. Der Linken (Jürgen Habermas ausgenommen) galt Arendt bis in die achtziger Jahre hinein als Antikommunistin und damit als politisch inopportun. Innerhalb dieser Linken wurden bis zum Ende des Kalten Krieges Faschismustheorien favorisiert, die im Umkreis der Frankfurter Schule entstanden waren. Erst in den neunziger Jahren setzte in Deutschland eine breite Arendt-Rezeption ein, die das Konzept des Totalitarismus rehabilitierte. Nun wurden im Gegenzug Konzepte der Faschismusforschung diskreditiert, während man im Hinblick auf die *Elemente und Ursprünge totaler Herrschaft* zuweilen hinter den Stand der in den fünfziger Jahren formulierten Kritik zurückfiel. Ungeachtet solcher politischer Ränke, ungeachtet auch der Tatsache, dass das Buch handwerkliche Mängel und systematische Ungereimtheiten aufweist, zählt es heute zu den Klassikern der Totalitarismusforschung.

Die Einsamkeit der Ideologie und die Pluralität der Welt

Im Kern handelt es sich bei den *Elementen und Ursprüngen totaler Herrschaft* um ein historisches Buch über Nationalsozialismus und Stalinismus. Zwischen den Zeilen steht dabei eine radikale Kritik an der im abendländischen Denken latent wirksamen Vorstellung, man könne ein politisches Gemeinwesen herstellen wie einen Tisch oder einen Stuhl. Ursprünglich, so Arendt, ist diese Vorstellung bei Platon angelegt, dem zufolge das ideale Gemeinwesen nicht von den Bürgern im Dialog, sondern von einem Philosophenkönig im Alleingang gelenkt wird. In einem so regierten Gemeinwesen gehe es nicht um den Austausch von Meinungen, wie er für Arendt im Zentrum jeder politischen Auseinandersetzung steht, es gehe vielmehr um die »Herstellung« des idealen Gemeinwesens. Ein solches Gemeinwesen könne jedoch nicht ideal sein, weil es für das eigentlich Politische keinen Raum hat: »Herstellen, auch wenn es von vielen zusammen und fabrikmäßig betrieben wird, hat es immer nur mit einem Subjekt zu tun, das einen Gegenstand hervorbringen will; auch Robinson auf seiner Insel ist noch Mensch im Sinne des *homo faber*. Handeln dagegen kann ich immer nur in bezug auf andere und mit ihnen zusammen. Alles Handeln ist in den Worten Burkes ›*to act in concert*‹ […]. Wenn im Herstellen der Zweck in der Tat die Mittel rechtfertigt – der hergestellte Tisch erfordert und rechtfertigt […] das Umschlagen des Baumes zur Holzgewinnung –, so könnte man paradoxerweise sagen, daß im Handeln das Mittel den Zweck setzt und erzwingt.« (EU 712 f.)

Werde das Herstellungsprinzip auf die politischen Angelegenheiten übertragen, habe dies eine Zerstörung des öffentlichen Raums, die Aufhebung von Pluralität und die Unterdrückung von Meinungen zugunsten einer willkürlich gesetzten »Wahrheit« zur Folge. Im besten Fall entstehe eine sterile Bürokratie, im schlimmsten Fall eine totalitäre Gesellschaft, in der auch das zweckrationale Denken noch durch Ideologie ersetzt wird und deren Ziel die »arische« Weltherrschaft oder die klassenlose Gesellschaft ist.[13] Der Mensch wäre dann zum bloßen »Reaktionsbündel« geworden, das vollständig austauschbar ist (vgl. EU 676) und nicht mehr spontan handeln kann. Dem Anspruch totalitärer Systeme, »Wahrheit« zu besitzen, setzt Arendt das Recht entgegen, Meinungen zu haben, sie öffentlich zu vertreten und als wiedererkennbare Person unter wiedererkennbaren Personen in Erscheinung zu treten. Es sind diese Verteidigung der Pluralität als Grundbedingung menschlichen Lebens und der Verweis auf das Recht, in der Öffentlichkeit handelnd zu erscheinen, die Arendt in ihrem zweiten Buch ausführlich und auf einer ganz anderen Ebene behandelt. Erstmals befasste sie sich darin auch systematisch mit dem Verhältnis von Sein und Erscheinung, von Denken und Handeln, von Politik und Philosophie und konzentrierte sich dabei auf diejenigen Aspekte, die von der Philosophie traditionell vernachlässigt worden waren.

Vita activa: Eine Handlungstheorie

Arbeiten, Herstellen, Handeln

In *Vita activa oder Vom tätigen Leben* unterscheidet Arendt drei Grundformen des Tätigseins: das Arbeiten, das Herstellen und das Handeln. Als Arbeit bezeichnet sie alle Tätigkeiten, die der Aufrechterhaltung des biologischen Lebensprozesses dienen und die zyklisch wiederkehren (Ackerbau, putzen, kochen et cetera). Ihre Grundbedingung und ihr Ziel ist allein »das Leben selbst« (VA 14). Sie hinterlassen nichts, was nicht unmittelbar wieder verbraucht würde. Im Gegensatz dazu verläuft das Herstellen linear. Es beginnt mit einer Idee in der Vorstellung des Herstellers und endet mit der Realisierung der Idee in einem materiell greifbaren Produkt: einem Tisch, einem Haus, einem Werkzeug. Im Gegensatz zu den flüchtigen Produkten des Arbeitens, die schnell konsumiert werden, sind diese Dinge beständig. Mit ihnen widersetzt sich der Mensch den Kräften der Natur und schafft sich eine Heimat in der Welt. Die Grundbedingung des Herstellens ist die »Angewiesenheit menschlicher Existenz auf Gegenständlichkeit und Objektivität« (VA 14), wobei das Kunstwerk einen Sonderfall darstellt, weil es im Gegensatz zu anderen Gegenständen keinen unmittelbaren Zweck erfüllt. Seine Aufgabe ist es, Zeugnis von der Vergangenheit zu geben und den Menschen die Orientierung in einer Welt zu ermöglichen, die vor ihrer Geburt existierte und in die sie sich erst einfinden müssen.

Gänzlich verschieden von den Tätigkeiten des Arbeitens und des Herstellens ist das Handeln, das ohne jede materielle Vermittlung allein zwischen Menschen stattfindet. Seine Grundbedingung ist die Pluralität, denn handelnd setzen sich die Menschen zueinander in Beziehung. Wichtig ist dabei, dass jeder handelnde Mensch in Erscheinung tritt, dass er sich als

Person in einen öffentlichen Erscheinungsraum begibt, in dem nicht interessiert, *was* er ist, sondern *wer* er ist. Dieses »Wer« ist nicht aus biografischen Daten ableitbar, es zeigt sich im Handeln und Sprechen: Indem ich handle und spreche, bin ich Person.

Betrachtet man das politische Handeln unter Berücksichtigung der zeitlichen Dimension, so »schafft es die Bedingungen für eine Kontinuität der Generationen, für Erinnerung und damit für Geschichte« (VA 15). Geschichtlichkeit ist der Modus, mit dem die allzu flüchtigen Produkte des Handelns in eine Beständigkeit überführt werden, die es möglich macht, Traditionen zu begründen und sie an nachfolgende Generationen weiterzugeben. Voraussetzung des Handelns ist folglich sowohl die Pluralität als auch die Natalität: Jeder neu geborene Mensch hat das Potenzial, Traditionen fortzusetzen oder handelnd einen neuen Anfang in die Welt zu bringen, der über den bloßen Impuls (der auch dem Arbeiten und Herstellen innewohnt) deutlich hinausweist. Der Begriff der Natalität ist hier für das Verständnis des Politischen ebenso zentral wie der Begriff der Mortalität für das metaphysisch-philosophische Denken.

Die Definitionen der Tätigkeiten ergänzt Arendt um eine Beschreibung der historischen Veränderungen, die sie seit der griechischen Antike durchlaufen haben. An diesem Punkt kommt erstmals die *Vita contemplativa*, das »Leben des Geistes« ins Spiel, das Arendt in ihrem gleichnamigen Spätwerk behandelt. Den Griechen, so Arendt, war die Vita activa ebenso wichtig wie die Vita contemplativa; erst mit Anbruch des Mittelalters wurde das anders: Während Freiheit in der Antike noch die Freiheit von Arbeit bezeichnet habe, die es einem Bürger ermöglichte, sich um öffentliche Angelegenheiten zu kümmern, habe das christliche Mittelalter erstmals den Rückzug aus der Öffentlichkeit zugunsten der religiösen Kontemplation favorisiert. Das Ideal der Freiheit *für* Politik wurde abgelöst von einem Ideal der Freiheit *von* Politik; in der Folge nahm das Interesse an den öffentlichen Angelegenheiten deutlich ab. Erst mit Beginn der Moderne sei diese Umwertung wieder rückgängig gemacht worden. Mit dem Bedeutungsverlust des Christentums sei die Vita activa wieder an die Spitze der Hierarchie getreten, doch habe innerhalb der Vita activa nun anstelle des Begriffs des Handelns der Begriff der Arbeit Priorität. Selbst das politische Handeln habe sich seit Karl Marx (1818–1883) auf Fragen der Ökonomie konzentriert, die an sich nicht dem Bereich des Handelns, sondern dem des Arbeitens und Herstellens zuzuordnen seien. Die Folge sei eine umfassende Entpolitisierung und die Entstehung einer »Jobholdergesellschaft« in der zweiten Hälfte des 20. Jahrhunderts. Arendt zufolge steht zu befürchten, dass »das vergesellschaftete Animal laborans seinen Überschuß an Freizeit, also seine teilweise Befreiung von der Arbeit, nicht dazu benutzen würde, sich der Freiheit der Welt zuzuwenden, sondern seine Zeit im wesentlichen mit den privaten und weltlosen Liebhabereien vertun werde, die wir Hobby nennen« (VA 106). In einer solchen Gesellschaft verschwinde jedes Interesse für öffentliche Angelegenheiten und die Lust am Handeln, die allein den Menschen vom Tier unterscheide.

Das Private, das Politische und die Gesellschaft

Ausgehend von der Beschreibung der Tätigkeiten unterscheidet Arendt zwischen drei verschiedenen Sphären, die durch diese Tätigkeiten konstituiert werden: dem privaten, dem sozialen und dem politischen Raum. Der griechischen Antike sei der Begriff der Gesellschaft noch völlig fremd gewesen; sie habe allein zwischen dem Privaten und dem Politischen unterschieden. Die Entstehung der Gesellschaft als sozialer Raum deute sich erstmals in der Übersetzung des griechischen Begriffs *bios politikos* durch den lateinischen Begriff *vita socialis* an. Während es sich hier noch um ein Missverständnis gehandelt habe, bezeichne der Begriff des Sozialen seit Beginn der Moderne die Verlagerung des Haushaltens und Wirtschaftens, die zuvor private Angelegenheiten gewesen seien, in den Bereich der Öffentlichkeit. Damit sei die antike Unterscheidung zwischen Politik und Ökonomie, der zufolge Ökonomie qua Definition nicht Gegenstand der Politik gewesen sei, außer Kraft gesetzt. Was in der Antike »›ökonomisch‹ war, nämlich zugehörig zum schieren Leben des Einzelnen und zum Überleben der Gattung, war dadurch bereits als nicht-politisch identifiziert und definiert« (VA 32). Die Entstehung der Gesellschaft aber sei eine Folge der Diffusion privater und ökonomischer Fragen in den politischen Raum. Die Ansicht, dass »Politik nur eine Funktion der Gesellschaft« sei, dass »Handeln, Sprechen und Denken primär den Überbau sozialer Interessen bilden«, sei ein Grundkonsens der Moderne, den Marx nicht begründet habe, sondern der bereits zu den Grundlagen der politischen Ökonomie seiner Zeit gehört habe (VA 35).

Vor einer solchen Überlagerung privater und öffentlicher Angelegenheiten und der daraus resultierenden totalen Vergesellschaftung müsse sowohl der eigentlich politische Raum als auch das Privatleben geschützt werden. Andernfalls drohe das Handeln durch Konformismus und bloßes Sichverhalten, der Staat durch reine Verwaltung ersetzt zu werden. Spontanes Handeln wäre dann, so Arendt, kaum mehr möglich.

Als äußerste Form einer solchen Vergesellschaftung hatte Arendt bereits die totalitären Systeme beschrieben; nun aber, nachdem sowohl der Nationalsozialismus als auch der Stalinismus überwunden waren, warnte sie vor dem schleichenden Abstieg in die *society of jobholders*, dieses letzte Stadium der Arbeitsgesellschaft, in der der Einzelne vom Strom des Lebens geschluckt wird und im Dienst der Gattung nur noch funktioniert. Während die Antike noch das Leben des Einzelnen dem Gemeinwohl untergeordnet habe, setze sich in der Moderne eine Grundhaltung durch, in der das Leben als höchstes Gut gilt – nicht, wie bei Aristoteles, das gute Leben, sondern die reine biologische Existenz. Als totales *animal laborans* werde der Mensch »sich anschicken, sich in die Tiergattung zu verwandeln, von der er seit Darwin abzustammen meint« (VA 315).

Das Werk aus der Perspektive des 21. Jahrhunderts

Als Arendt mit der Arbeit an *Vita activa* begann, hatte sie gar nicht vor, eine Handlungstheorie zu entwickeln. In einer zu Beginn der fünfziger Jahre verfassten Bewerbung für ein Guggenheim-Stipendium schrieb sie, sie wolle in ihrem nächsten Projekt das Ungleichgewicht des Buches *Elemente und Ursprünge totaler Herrschaft*, in dem die Darstellung der Sowjetunion zu kurz gekommen sei, ausgleichen durch eine Studie der totalitären Elemente des Marxismus und der ideologischen Vorgeschichte des Stalinismus.[14] Als Arbeitshypothese diente ihr dabei die Annahme, Marx habe durch die Aufwertung des Arbeitsbegriffs eine Entwicklung in Gang gesetzt, in deren Verlauf das öffentliche und eigentlich politische Handeln zu einem Herstellungsprozess umgedeutet wurde. Die Vorstellung aber, man könne eine klassenlose Gesellschaft herstellen wie einen Tisch oder einen Stuhl, habe – ohne dass man Marx dafür verantwortlich machen könnte – in die totalitäre Herrschaft unter Stalin geführt, der mit seinen politischen Säuberungen die praktische Umsetzung dieses Prinzips erprobt habe.

Nach und nach verlor die Untersuchung der ideologischen Aspekte an Gewicht, während die phänomenologische Untersuchung der Tätigkeiten immer weiter in den Vordergrund rückte; eine Untersuchung, deren kritisches Potenzial sich gegen den ideologischen Marxismus, aber auch gegen den Verlust des Politischen und die Ausbreitung der Jobholder- und Freizeitgesellschaften in den westlichen Industriestaaten richtete.

Mit ihrem an Aristoteles angelehnten kommunikativen Begriff des Politischen, der in den siebziger Jahren von Jürgen Habermas aufgegriffen wurde, setzte Arendt sich vor allem von Carl Schmitt (1888–1985) deutlich ab, der das Politische als Freund-Feind-Beziehung definierte. Dass sie dazu neigte, das politische System der Griechen zu idealisieren, ohne hinreichend auf dessen Mängel (zum Beispiel den systematischen Ausschluss von Frauen und Sklaven) zu verweisen, ist häufig kritisiert worden. Gleichwohl liegt auf der Hand, dass Arendt nicht die Rückkehr zur Polis anstrebte, sie zielte eher auf eine Art moderne Rätedemokratie, für deren Konstitution das spontane Handeln der Bürger von zentraler Bedeutung sein sollte. (VA 211) Konkrete Hinweise, wie das ideale Gemeinwesen organisiert sein solle, finden sich allerdings nicht in *Vita activa*, sondern erst in der Schrift *Über die Revolution*.

Kritiker haben außerdem darauf hingewiesen, dass Arendts Definition der Tätigkeiten und auch die Differenzierung zwischen dem Privaten, dem Sozialen und dem Politischen einer Überprüfung an der (post-)modernen Wirklichkeit nur bedingt standhält. In einer Industriegesellschaft, in der Brot maschinell gebacken und die Produkte des Herstellens in rasantem Tempo verbraucht werden, ist eine klare Unterscheidung zwischen dem Arbeiten und Herstellen kaum mehr möglich. Darüber hinaus berücksichtigt Arendts negative Bewertung der Gesellschaft in keiner Weise, dass die Grenze zwischen privaten und politischen Angelegenheiten auch in aufklärerischer und emanzipatorischer Absicht aufgehoben werden konnte, etwa im Kontext der Arbeiter- und Frauenbewegung.

Dessen ungeachtet ist es Arendts Verdienst, ihre Leser für die Existenz und historische Variabilität solcher Grenzen sensibilisiert und vor einem Verlust des Interesses an öffentlichen Belangen gewarnt zu haben, der heute unter dem Stichwort Politikverdrossenheit diskutiert wird.

Sein als Erscheinung oder: Die Performativität des Handelns

Im Hinblick auf den Gegensatz von Wahrheit und Meinung, von Sein und Erscheinung sei an dieser Stelle die Performativität des Handelns besonders hervorgehoben. Es ist vielfach bemerkt worden, dass Arendt in ihrer Phänomenologie des politischen Handelns nicht dessen Ziele und Inhalte, sondern vorrangig dessen Spielregeln und Funktionsweisen untersucht hat. Immer wieder betonte sie – ohne den Begriff der Performativität zu gebrauchen –, das Handeln sei die einzige Tätigkeit, die es einem Individuum in der Massengesellschaft erlaube, anders zu sein als die anderen: »Sprechend und handelnd unterscheiden Menschen sich aktiv voneinander, anstatt lediglich verschieden zu sein; sie sind die Modi, in denen sich das Menschsein selbst offenbart.« (VA 165) Indem er spricht und handelt, übernimmt der Mensch die Verantwortung für sein eigenes Geborensein, für die Existenz unter seinesgleichen; sprechend und handelnd offenbaren Menschen aber auch, *wer* sie sind: Sie »zeigen aktiv die personale Einzigartigkeit ihres Wesens, treten gleichsam auf die Bühne der Welt, auf der sie vorher so nicht sichtbar waren, solange nämlich, als ohne ihr eigenes Zutun nur die einmalige Gestalt ihres Körpers und der nicht weniger einmalige Klang der Stimme in Erscheinung traten« (VA 169).

Das physische Erscheinen der Person, das Ertönen ihrer Stimme lässt uns, mehr als jede Beschreibung ihrer Eigenschaften und Talente, erkennen, mit *wem* wir es zu tun haben.

Dabei ist die Person identisch mit ihrer Erscheinung, aber sie kann nur erscheinen, wenn andere da sind, die sie wahrnehmen. Auch hier gilt, dass Pluralität und Perspektivität der Modus sind, in dem das Gespräch, der Austausch, die gegenseitige Wahrnehmung und der Austausch von Meinungen erfolgen – denn die »Qualität des Sprechens und Handelns, durch die [...] ein Sprecher und Täter mit in die Erscheinung tritt, kommt [...] nur da ins Spiel, wo Menschen miteinander, und weder für- noch gegeneinander, sprechen und agieren« (VA 169).

Ein solch performativer Handlungsbegriff ist Arendt im negativen Sinne als Ästhetizismus ausgelegt worden. Gleichwohl handelt es sich hier um eine konsequente Weiterentwicklung der eingangs genannten Grundthese, der zufolge *alles* Sein identisch ist mit dem, als was es den anderen erscheint. Die ethische Relevanz ist dabei durch die Sokratische Maxime »Sei, wie du anderen erscheinen willst« gesichert.

Eine konkrete politische Stellungnahme zu den Problemen ihrer Zeit vermeidet Arendt in *Vita activa* ganz bewusst. Dass ihr diese Fragen alles andere als gleichgültig waren, hatte sie indes bereits mehrfach unter Beweis gestellt, nicht zuletzt mit ihrem Engagement für die zionistische Bewegung in den dreißiger und vierziger Jahren und mit ihrem Eintreten für die Gründung einer jüdischen Armee, die die Alliierten im Zweiten Weltkrieg unterstützen sollte.[15] Es folgten, nur wenige Jahre nach der Veröffentlichung von *Vita activa*, zwei öffentliche Auseinandersetzungen, in denen Arendt dezidiert Stellung bezog und in deren Verlauf sie selbst zur Handelnden im politischen Raum wurde.

Ein kleiner und ein großer Eklat

Reflections on Little Rock

In dem Jahr, in dem *Vita activa* veröffentlicht wurde, schrieb Arendt auf Einladung der vom American Jewish Committee herausgegebenen Zeitschrift *Commentary*, deren Herausgeber sie gut kannte, einen Aufsatz über die Folgen der amerikanischen Rassenpolitik. Die Publikation dieses Textes, der einige höchst kontroverse Thesen enthielt, wurde von der Redaktion so lange verschleppt, dass Arendt ihn schließlich an anderer Stelle, nämlich in der Zeitschrift *Dissent*, drucken ließ.[16]

Aktueller Anlass für diesen Aufsatz waren die Ereignisse in Little Rock, der Hauptstadt von Arkansas, in der auf Anordnung des Obersten Gerichts die Rassentrennung in den Schulen aufgehoben worden war. Zwar hatte das Gericht die Rassentrennung bereits vier Jahre zuvor für verfassungswidrig erklärt, doch war das Urteil von einigen Südstaaten, zu denen auch Arkansas gehörte, ignoriert worden. Angesichts der bevorstehenden Integration entbrannte eine heftige Kontroverse zwischen schwarzen Bürgerrechtsgruppen, die die Aufhebung der Rassentrennung forderten, und den Landesregierungen der Südstaaten, die die Trennung der Schulen mit Verweis auf ihre Autonomie gegenüber den Bundesorganen aufrechterhalten wollten. »Little Rock« wurde zum Synonym für den Schulkonflikt, als der Gouverneur von Arkansas, Orval Faubus, schwarze Kinder mit Polizeigewalt am Besuch öffentlicher Schulen hindern ließ, die bis dahin nur Weißen offengestanden hatten. Im Gegenzug schickte Präsident Eisenhower Bundestruppen, die die Rechte der Schwarzen durchsetzen sollten, während Faubus vor einem Gericht in Arkansas einen Aufschub für die Umsetzung der Direktive des Bundesgerichts erwirkte. In der dadurch gewonnenen Zeit ließ er alle öffentlichen Schulen privatisieren, so dass der Integrationsversuch auf ganzer Linie scheiterte.

Im Zentrum des Arendtschen Kommentars zu den Ereignissen von Little Rock steht die Frage, ob es legitim sei, die Integration der Schwarzen gesetzlich zu erzwingen und ihre Situation damit kurzfristig zusätzlich zu verschlechtern. Sie kommt zu dem Schluss, dass die gewaltsame Durchsetzung der Bürgerrechte durch die Bundespolizei zwar grundsätzlich zu begrüßen, in diesem konkreten Fall jedoch sinnlos und kontraproduktiv sei, weil hier Kindern die Lösung eines Problems aufgebürdet werde, mit dessen Lösung auch Erwachsene seit Generationen überfordert seien. (Vgl. LR 102) Uneingeschränkt befürwortet sie die Abschaffung diskriminierender Schulgesetze, beharrt aber darauf, dass die Durchsetzung des gemeinsamen Schulbesuchs mit Waffengewalt nicht besser sei als die erzwungene Trennung.

Dass sie die Zwangsintegration gerade in den Schulen für wenig sinnvoll hielt, begründete Arendt zudem damit, dass Bildung – im Gegensatz zum Wahlrecht – keine politische, sondern eine soziale Angelegenheit sei; und im Bereich des Sozialen gelte nicht der Gleichheitsgrundsatz, sondern das Recht auf Differenz. Jede Gesellschaft sei durch Gruppenzugehörigkeiten im Hinblick auf Beruf, Einkommen, ethnische Herkunft und so weiter strukturiert, zu deren Aufrechterhaltung es notwendigerweise einer nicht unbedingt negativen Diskriminierung bedürfe; andernfalls werde man einem universalen Konformismus anheimfallen, der die Möglichkeit politischen Handelns nachhaltig beeinträchtigen würde.

Als Beispiel für solch legitime soziale Diskriminierung nennt Arendt die von bestimmten Gruppen besuchten amerikanischen Ferienorte: »Wenn ich als Jude meine Ferien nur in Gesellschaft von Juden verbringen möchte, dann kann ich mir nicht vorstellen, wie mich jemand begründet davon abhalten könnte; und ebenso sehe ich keinen Grund, weshalb nicht andere Urlaubsorte auf eine Klientel eingestellt sein sollten, die in den Ferien keine Juden sehen will.« (LR 105 f.) Ein solches Recht auf Diskriminierung gelte hingegen keinesfalls für Orte wie Museen, Theater, Busse oder Restaurants, in denen allen Bürgern gleichermaßen zustehende Kulturgüter oder Dienstleistungen angeboten werden. Sie seien Teil des öffentlichen Lebens, und es liege in der Pflicht der Südstaaten, hier die Diskriminierung aufzuheben.

Wichtiger noch als der freie Zugang zu allen öffentlichen Orten und Institutionen erschien Arendt das Recht auf freie Wahl von Freunden und Ehepartnern. Zwar stelle jede Mischehe, ob zwischen Schwarzen und Weißen oder zwischen Juden und Christen, eine Herausforderung für die Gesellschaft dar, doch sei es das Recht jedes Einzelnen, sein Privatleben auch gegen den Widerstand und die Diskriminierung der Gesellschaft so zu gestalten, wie es ihm gefalle. Aufgabe des Gesetzgebers sei es, dieses Recht gegen die Gesellschaft zu verteidigen, denn wenn »die Gesetzgebung dem gesellschaftlichen Vorurteil folgt, dann ist die Gesellschaft tyrannisch geworden« (LR 107).

Im Anschluss an diese Argumentation, die die Kenntnis ihrer Unterscheidung zwischen privater, sozialer und politischer Sphäre implizit voraussetzt, kommt Arendt auf die Frage der Schulbildung zurück. Kinder, so argumentiert sie, seien zunächst Teil einer Familie, deren Aufgabe es sei, sie gegen alle sozialen und politischen Anforderungen und Diskriminierungen abzuschirmen. Damit kollidiere der Anspruch des Staates, Kinder auf zukünftige Staatsbürgerpflichten vorzubereiten und ihnen Zugang zur Bildung zu verschaffen. Dieses Recht des Staates betreffe jedoch »nur den Inhalt der Erziehung eines Kindes und nicht den Kontext, in welchem sich sein Umgang und sein gesellschaftliches Leben abspielt« – andernfalls müsste man alle Privatschulen sofort abschaffen. (Vgl. LR 111)

Zwinge man schwarze Eltern, ihre Kinder in die Schulen der Weißen zu schicken, so beraube man sie sowohl des Rechts, über ihre Kinder zu bestimmen, wie auch des Rechts auf freie Vereinigung. Zudem stürze man die Kinder in einen Konflikt zwischen Schule und Elternhaus, den sie selbst nicht lösen könnten und der sie deshalb zutiefst verunsichern müsse. Das würde einen »Aufstieg der Herrschaft der Straße« bedeuten, während die Autorität von Eltern und Lehrern untergraben würde. An ihre Stelle würde bald die öffentliche Meinung treten. Es sei deshalb ratsam, mit der Erzwingung der Integration dort zu beginnen, wo »kein fundamentales Menschenrecht und kein politisches Grundrecht auf dem Spiel« stehe, etwa bei der Benutzung öffentlicher Verkehrsmittel oder dem Besuch von Museen. (Vgl. LR 112)

Vordergründig geriet Arendt mit ihrer Argumentation ins Kreuzfeuer der Kritik von schwarzen Bürgerrechtlern wie von weißen Liberalen, weil ihre Differenzierung von sozialer, politischer und privater Diskriminierung für diejenigen, die *Vita activa* nicht gelesen hatten, kaum nachvollziehbar war. Solche Kritik konnte Arendt mit dem Argument abwehren, man habe sie nicht verstanden oder verstehen wollen. Ein Kritiker hingegen, David Spitz, argumentierte, dass es eine saubere Trennung zwischen privaten, sozialen und politischen Angelegenheiten, wie Arendt sie fordere, nicht geben könne. Gerade die Ehe sei ein Beispiel für eine Institution, die sowohl eine private als auch eine soziale Dimension habe, selbst wenn die Gesellschaft private Entscheidungen nicht im Einzelfall steuere. Indem Arendt das Recht auf freie Partnerwahl höher bewerte als das Recht auf Eintritt in die Schulen der Weißen, leiste sie zudem dem alten Vorurteil Vorschub, es sei den Schwarzen mehr am Recht auf freie Sexualität als am Recht auf freie Eheschließung gelegen – ein Argument, das im kulturellen Kontext der fünfziger Jahre, in denen die Unterstellung eines ungezügelten Sexuallebens zur stereotypen Wahrnehmung der Schwarzen gehörte, ein besonderes Gewicht hatte. Darüber hinaus kritisierte Spitz, dass Arendt, die die Autonomie der Bundesstaaten gegenüber dem Obersten Gericht unterstützte, nicht auf die Frage der Verfassungsmäßigkeit eingegangen sei. Schließlich müsse jede von den Bundesstaaten getroffene Entscheidung sich innerhalb des Rahmens bewegen, der von der Verfassung vorgegeben wurde. Und schließlich wies Spitz darauf hin, dass es im Hinblick auf die Schulbildung nicht nur um das Recht ging, in irgendeine Schule zu gehen, sondern um das Recht, in eine gute Schule zu gehen. Dieses Recht schien ihm gefährdet, wenn schwarze Eltern gegen den Widerstand der weißen Mehrheit *und* gegen den Widerstand des Gesetzes agieren mussten. Eine Durchsetzung des Gesetzes, das den Besuch derselben Schulen für Schwarze und Weiße vorsehe, würde schwarzen Eltern zumindest die Konfrontation mit dem Staat ersparen, während weiße Familien, die die Integration nicht wünschten, ihre Kinder immer noch auf private Schulen für Weiße schicken könnten.

In ihrer Entgegnung auf Spitz' Kommentar bemühte sich Arendt, das Thema von der abstrakten Ebene, die sie selbst ursprünglich gewählt hatte, auf eine konkretere Ebene zu verlagern. Wenn sie selbst Mutter schwarzer Kinder wäre, erklärte sie, würde sie diese um keinen Preis der sozialen Diskriminierung aussetzen, wie sie derzeit in den Schulen von Arkansas herrsche. Vielmehr würde sie für eine Aufhebung der Rassengesetze bei gleichzeitiger Förderung derjenigen Bildungseinrichtungen plädieren, in denen nur schwarze Kinder unterrichtet werden. So würde man es diesen Kindern ersparen, zu Parvenüs zu werden (ein Begriff, der in der Varnhagen-Biografie im Kontext der »Judenfrage« eine Rolle gespielt hatte); stattdessen würde man ihnen die Möglichkeit eines sozialen Aufstiegs eröffnen, der nicht mit opportunistischer Anpassung an die Mehrheitsgesellschaft und dem damit einhergehenden Identitätsverlust erkauft sei. Wenn man aber Einrichtungen haben wolle, in denen schwarze und weiße Kinder gemeinsam erzogen werden, dann solle man zu diesem Zweck neue Schulen gründen, bei denen man auf die Zustimmung aller Eltern zum Integrationsgedanken zählen und den Kindern einen Konflikt zwischen Schule und Elternhaus ersparen könne.

Dass die Zeitschrift *Commentary* Arendts Artikel über die Ereignisse von Little Rock nicht hatte drucken mögen, hatte mehrere Gründe. Erstens vertrat Arendt die Ansicht, dass die Autonomie der einzelnen Bundesstaaten vor allzu starkem Einfluss der Bundesregierung geschützt werden müsse. Eine solche Haltung, die in Arendts Fall aus der Skepsis gegen jeden politischen Zentralismus resultierte, war ansonsten eher unter Republikanern verbreitet und brachte Arendt unbegründeterweise in den Verdacht, einen politischen Konservatismus auch im Hinblick auf die Rassentrennung zu vertreten. Aus der Perspektive des American Jewish Committee und auch der eher linksliberalen New Yorker Presse begab Arendt sich hier zumindest auf Glatteis. Zweitens gründete sie ihre Argumentation auf die in *Vita activa* getroffene Unterscheidung zwischen privaten und politischen Angelegenheiten, die den meisten Lesern nicht bekannt beziehungsweise in diesem Kontext nur schwer zu vermitteln war. Für die schwarze Bürgerrechtsbewegung war ihre Forderung, den Schulkindern im eigenen Interesse die Integration zu ersparen, deshalb kaum nachzuvollziehen.

Drittens bahnte sich hier ein Konflikt an, der sehr lange latent schwelte und mit der Kontroverse um *Eichmann in Jerusalem* vollends eskalierte. Im Unterschied zu den meisten jüdischen Organisationen erklärte Arendt, wie bereits erwähnt, bestimmte Formen sozialer Diskriminierung für durchaus legitim. Diese These wurde zwar im spezifischen Kontext der Rassentrennung vorgetragen, ließ sich aber leicht auf die Situation der Juden übertragen, was zu zusätzlichen Missverständnissen führte – zumal Arendt sich den Hinweis darauf nicht verkneifen konnte, dass Mischehen zwischen Juden und Nichtjuden auch in Israel nicht gestattet seien. In diesem Punkt, den sie in ihrem kurze Zeit später verfassten Bericht über *Eichmann in Jerusalem* gegen die israelische Regierung vorbrachte, war Arendt nicht bereit, Abstriche an ihrer radikalen Kritik zu machen. Die Folge war ein Bruch mit einer Reihe von jüdischen Institutionen und auch mit einigen alten Freunden, der dann irreversibel wurde, als Arendt behauptete, das jüdische Establishment (also Gemeindevertreter und die Leiter der großen jüdischen Organisationen) habe durch die Kooperation mit den Nationalsozialisten die massenhafte Ermordung der europäischen Juden erleichtert. Die dadurch ausgelöste Eichmann-Kontroverse zog weit größere Kreise als die Debatte über »Little Rock«; diesmal ging es weniger um konkrete politische Fragen als um den Umgang mit der nationalsozialistischen Vergangenheit, die Arendts Ansicht nach ebenso ein Problem der Juden wie der Deutschen war.

Eichmann in Jerusalem

Im April 1961 wurde vor einer Sonderkammer des Jerusalemer Bezirksgerichts der Prozess gegen Adolf Eichmann eröffnet. Eichmann, bei Kriegsende im Rang eines Obersturmbannführers, hatte seine Karriere im Berliner Reichssicherheitshauptamt (RSHA) begonnen, wo er zunächst in der Abteilung »Gegnererforschung und Gegnerbekämpfung« tätig war. 1938 wurde er nach Wien geschickt, um die »Auswanderung« der dort lebenden Juden zu organisieren – was für die österreichischen Juden bedeutete, dass sie ihr Vermögen gegen einen Reisepass eintauschen mussten, mit dem sie das Land verlassen durften. Bei Ausbruch des Zweiten Weltkriegs orderte das RSHA Eichmann zurück nach Berlin, wo er einige Zeit später zum Leiter der Abteilung IVB4 befördert wurde, einer für »Judenangelegenheiten« zuständigen Einheit der Gestapo. In dieser Funktion plante Eichmann die Deportation der Juden aus Deutschland, Österreich, Frankreich, Holland, Dänemark, Italien, Jugoslawien, Bulgarien, Griechenland, Rumänien, Ungarn und der Slowakei.

Der bei Kriegsende flüchtige Eichmann wurde 1960 vom israelischen Geheimdienst in Argentinien aufgespürt und in einer verdeckten Aktion nach Israel gebracht, wo er wegen Verbrechen gegen das jüdische Volk und Verbrechen gegen die Menschlichkeit vor Gericht gestellt wurde. Im Frühjahr 1961 reiste Hannah Arendt nach Israel, um von dort aus im Auftrag der Zeitschrift *The New Yorker* über den Prozess zu berichten.

Vor Beginn der Verhandlung hatte Arendt mit Karl Jaspers darüber korrespondiert, ob es sinnvoll sei, Eichmann vor einen israelischen Gerichtshof zu stellen; schließlich hätten »sowohl die Person und die Tatumstände als auch das Gerichtsverfahren selbst Probleme allgemeiner Natur aufgeworfen […], die weit über das in Jerusalem Verhandelte hinausgehen« (EJ 15). Auch weigerte sie sich, den deutschen Terminus »Verbrechen gegen die Menschlichkeit«, eine unglückliche Übersetzung von »crimes against humanity«, zu übernehmen, den sie als »*das* Understatement des Jahrhunderts« bezeichnete (EJ 324); anders als Karl Jaspers, der vorschlug, Eichmann vor ein eigens hierfür einzurichtendes internationales Gericht zu stellen, hielt sie aber daran fest, dass die Verhandlung in Israel stattfinden solle.

Skeptisch blieb Arendt allerdings im Hinblick auf die zu erwartende Strategie der Anklage, und diese Skepsis wurde während der ersten Prozesstage noch verstärkt. Als besonders unangenehm empfand sie den israelischen Generalstaatsanwalt Gideon Hausner, der in seinem Eröffnungsvortrag weniger auf die konkreten Verbrechen Adolf Eichmanns als vielmehr auf die Geschichte des Antisemitismus in den vergangenen zwei Jahrtausenden einging – und damit, so Arendt, bereits eine völlig falsche historische Verortung des Prozesses vornahm. Statt des Angeklagten stellte er die Geschichte selbst auf den Prüfstand; eine Geschichte, für deren Verlauf Eichmann nach Arendts Dafürhalten nur begrenzt verantwortlich war. Dadurch, dass die Staatsanwaltschaft wie auch die israelische Regierung unter David Ben Gurion das Verfahren zum Anlass nahm, die Aufmerksamkeit der Weltöffentlichkeit auf den Holocaust zu lenken, wurde der Prozess, wie Arendt es spitz formulierte, vollends zum »Schauprozess« (EJ 28).

Zusätzlich zu dieser Kritik an der Konzeption des Prozesses brachte Arendt noch weitere Punkte zur Sprache, die das Verfahren in keinem guten Licht erscheinen ließen. Sie kritisierte die Qualität der Simultanübersetzung, die aus »einem oft komischen und zumeist unverständlichen deutschen Kauderwelsch« bestand (EJ 26), und die Auswahl der Zeugen, die überwiegend aus Polen und Litauen stammten, also aus Gebieten, für die Eichmann gar nicht zuständig gewesen war; sie kritisierte die Unfähigkeit der Staatsanwaltschaft, zwischen »echten« Erinnerungen und durch zwischenzeitlich aufgenommene Informationen modifizierten Erinnerungen zu unterscheiden, sowie die Vorliebe des Gerichts für prominente Zeugen, die »bereits in Büchern ihre Erfahrungen niedergelegt hatten und nun ›bezeugten‹, was gedruckt vorlag« (EJ 269). Und schließlich kritisierte sie Staatsanwalt Hausner für seine Gewohnheit, während des Prozesses Pressekonferenzen abzuhalten, und den Premierminister Ben Gurion dafür, dass er Gerechtigkeit offenbar als »ein ›Abstraktum‹« betrachtete, das seinen politischen Zielen unterzuordnen sei. (EJ 29)

Positiv äußerte sich Arendt allein über die Richter, vor allem über den vorsitzenden Richter Moshe Landau, der aus Deutschland stammte und sich gelegentlich direkt an den Angeklagten richtete beziehungsweise fehlerhafte Übersetzungen korrigierte. Diese Männer waren für Arendt, wie einem Brief an Karl Jaspers zu entnehmen ist, die Helden des Verfahrens: »Oben die Richter, bestes deutsches Judentum. Darunter die Staatsanwaltschaft, Galizianer, aber immerhin noch Europäer. Alles organisiert von einer Polizei, die mir unheimlich ist, nur hebräisch spricht und arabisch aussieht [...]. Und vor den Türen der orientalische Mob, als sei man in Istanbul oder einem anderen halbasiatischen Land. Dazwischen, sehr prominent in Jerusalem, die Peies- und Kaftan-Juden, die allen vernünftigen Leuten hier das Leben unmöglich machen.« (EJ 472)

Deutlicher hätte Arendt kaum formulieren können, dass sie Sprache, Land und Leute nicht leiden konnte und dass sie die Israelis – mit Ausnahme der deutschen Juden – eigentlich für kulturlos und ungebildet hielt. Dies hielt sie jedoch nicht davon ab, gerade das Verhalten des »jüdischen Establishments« in Deutschland zwischen 1933 und 1945 einer heftigen Kritik zu unterziehen, mit der sie sich noch weit unbeliebter machte als mit ihren Vorwürfen gegenüber der israelischen Regierung und Staatsanwaltschaft.

Grundlage ihres Angriffs auf dieses »Establishment« waren zwei recht unterschiedliche Überlegungen. Zum einen stellte sie fest, dass in Holland, wo der dortige Judenrat ebenso wie in Deutschland Listen aller jüdischen Gemeindemitglieder an die nationalsozialistischen Besatzer herausgegeben hatte, von 103 000 deportierten Juden nur 519 überlebt hatten, während von den 20 000 bis 25 000 Juden, die sich der Deportation durch Flucht oder Abtauchen entzogen hatten, immerhin 10 000 bei Kriegsende noch am Leben waren. Aus dieser rein statistischen Überlegung, dass die Verweigerung jeglicher Zusammenarbeit mehr Menschen das Leben gerettet hätte als die von den Judenräten praktizierte begrenzte Kooperation, leitete Arendt ihre Kritik an den Mitgliedern der Judenräte ab, die die Listen zusammengestellt und folglich auch darüber bestimmt hätten, wer zuerst und wer später deportiert wurde – wovon Mitglieder des »Establishments« und deren Familienangehörige stets profitiert hätten. Darin, dass auch die Opfer sich gegenseitig ans Messer geliefert hätten, habe sich die »*Totalität des moralischen Zusammenbruchs* ... [gezeigt], den die Nazis in allen, vor allem auch den höheren Schichten der Gesellschaft ganz Europas verursacht haben – nicht allein in Deutschland, sondern in fast allen Ländern, nicht allein unter den Verfolgern, sondern auch unter den Verfolgten« (EJ 162).

Besonders heikel sei der von Rudolf Kastner, dem Vizepräsidenten der zionistischen Organisation, in Budapest unternommene Versuch gewesen, prominente Juden freizukaufen, denn mit jeder Ausnahme von der Regel habe man implizit die Regel selbst bestätigt. (Vgl. EJ 170) Den gleichen Vorwurf machte Arendt auch dem liberalen jüdischen Theologen Leo Baeck, den sie in der ersten Fassung des Berichts gar als »jüdischen Führer« bezeichnete und dem sie damit die aktive (wenn auch unfreiwillige) Mitarbeit an der Vernichtung des europäischen Judentums vorgeworfen hatte. So erstaunt es kaum, dass Arendt sowohl im Hinblick auf den Ton als auch im Hinblick auf die Sache, um die es hier ging, aufs Schärfste kritisiert wurde. Von denen, die Arendt als »jüdisches Establishment« bezeichnet hatte, meldeten sich nun viele zu Wort, die sich unterdessen in Israel oder den Vereinigten Staaten eine neue Existenz aufgebaut hatten. Dazu gehörten Menschen, mit denen Arendt persönlich bekannt oder auch befreundet gewesen war, wie Gershom Scholem, der nun an der Jerusalemer Universität jüdische Geschichte und Religionswissenschaft unterrichtete, und Kurt Blumenfeld, ein ehemaliger Vorsitzender der Zionistischen Vereinigung für Deutschland, den Arendt seit ihrer Kindheit kannte und mit dem sie eng befreundet war. Vor allem Scholem fühlte sich von Arendt verraten und warf ihr vor, die Schuld für den Tod von Millionen nicht den eigentlichen Tätern angelastet zu haben, sondern denen, die nur getan hätten, was nach ihrer damaligen Einschätzung der Situation das Beste gewesen sei.

Der Unmut über Arendts Prozessbericht speiste sich indes nicht nur aus ihren Bemerkungen über das Verhalten der Judenräte, auch ihre Aussagen über den Angeklagten Adolf Eichmann erregten große Verärgerung. Nicht als brutalen Mörder und ideologischen Antisemiten beschrieb sie ihn, vielmehr als einen wenig intelligenten, autoritätshörigen, subalternen Schreibtischtäter, der bis Kriegsende nicht begriffen habe, was er eigentlich tat; sie ließ ihn als einen »ganz normalen« Familienvater erscheinen, der nur Karriere machen wollte und der sein Tun durch einen selbstgebastelten kategorischen Imperativ nach Vorbild des nationalsozialistischen Juristen Hans Frank gerechtfertigt habe: »Handle so, daß der Führer, wenn er von deinem Handeln Kenntnis hätte, dieses Handeln billigen würde.«[17] Sie amüsierte sich über Eichmanns gestörtes Verhältnis zur deutschen Sprache und schloss von seiner Unfähigkeit, sich vernünftig auszudrücken, auf eine Unfähigkeit zu denken beziehungsweise auf einen pathologischen Mangel an Empathie: »Verständigung mit Eichmann war unmöglich, nicht weil er log, sondern weil ihn der denkbar zuverlässigste Schutzwall gegen die Worte und gegen die Gegenwart anderer, und daher gegen die Wirklichkeit selbst umgab: absoluter Mangel an Vorstellungskraft.« (EJ 78) Nicht Dummheit oder Bösartigkeit, sondern schiere Gedankenlosigkeit habe ihn dazu verleitet, die

Deportation der Juden zu organisieren, obwohl er mit seiner Rede von der »staatlicherseits vorgeschriebenen Umwertung der Werte« (EJ 16) zu verstehen gegeben habe, dass er über das Wesen seiner Taten recht gut im Bild gewesen sei.

Dass Arendt mit dem Untertitel – *Ein Bericht von der Banalität des Bösen* – implizit zu behaupten schien, Eichmanns Tun beziehungsweise die Vernichtung des europäischen Judentums sei eine Banalität gewesen, heizte die Diskussion um das Buch noch weiter an. Zwar erklärte Arendt in der Einleitung zur Buchfassung, wie der Untertitel zu verstehen sei, doch war das Missverständnis aufgrund der Häufung verschiedener Streitpunkte kaum noch zu beheben. Als banal, erklärte sie, lasse sich das hier verhandelte Böse nur auf der »Ebene des Tatsächlichen« verhandeln, also im Hinblick auf das Individuum Eichmann, dessen Verbrechen nicht traditionelle Motive wie Habgier, Neid oder Eifersucht zugrunde gelegen hätten. Vielmehr fußten seine Taten auf einer Ideologie, die intellektuell zu vertreten Eichmann selbst kaum in der Lage war:

> »Eichmann war nicht Jago und nicht Macbeth, und nichts hätte ihm ferner gelegen, als mit Richard III. zu beschließen, ›ein Bösewicht zu werden‹. Außer einer ganz ungewöhnlichen Beflissenheit, alles zu tun, was seinem Fortkommen dienlich sein konnte, hatte er überhaupt keine Motive; und auch diese Beflissenheit war an sich keineswegs kriminell, er hätte bestimmt niemals seinen Vorgesetzten umgebracht, um an dessen Stelle zu rücken. [...] Es war gewissermaßen schiere Gedankenlosigkeit – etwas, was mit Dummheit keineswegs identisch ist –, die ihn dafür prädisponierte, zu einem der größten Verbrecher jener Zeit zu werden. Und wenn dies ›banal‹ ist und sogar komisch, wenn man ihm nämlich beim besten Willen keine teuflisch-dämonische Tiefe abgewinnen kann, so ist es darum doch noch lange

> nicht alltäglich. [...] Daß eine solche Realitätsferne und Gedankenlosigkeit in einem mehr Unheil anrichten können als alle die dem Menschen vielleicht innewohnenden bösen Triebe zusammengenommen, das war in der Tat die Lektion, die man in Jerusalem lernen konnte. *Aber es war eine Lektion und weder eine Erklärung des Phänomens noch eine Theorie darüber.*« (EJ 15 f.)

Dass diese Passage missverstanden wurde, lässt sich auf zwei Faktoren zurückführen. Zum einen versäumte es Arendt, deutlich zu machen, dass sie Eichmann in dieser Hinsicht für eine Ausnahme hielt. Keine der anderen im NS-Staat führenden Persönlichkeiten, schon gar nicht Hitler selbst, hätte ihrer Ansicht nach auch nur annähernd die Kriterien erfüllt, auf deren Grundlage sie Eichmann für »banal« befand. Zum anderen stiftete Arendt Verwirrung dadurch, dass sie ein komplexes philosophisches Gedankengebäude auf einen historischen Fall übertrug, ohne dies zu erklären oder auch nur auf die Existenz solch philosophischer Überlegungen zu verweisen. Tatsächlich war nämlich die Rede von der Banalität des Bösen eine Antwort auf den von Kant verwandten Begriff des »radikal Bösen« und stand in engem Zusammenhang mit Arendts Spekulationen über das Gewissen als eine Funktion des Denkens, die zum Ausgangspunkt ihres Spätwerks *Vom Leben des Geistes* wurden. Hatte sie bereits im letzten Kapitel der *Elemente und Ursprünge totaler Herrschaft* darauf hingewiesen, dass die ideologisch motivierten Massenmorde der Nazis mit traditionellen Motiven nicht zu erklären seien, so übertrug sie diese Beobachtung nun auf Eichmann, dessen Bereitwilligkeit, morden zu lassen, sie ursächlich auf einen Mangel an reflexiver Urteilskraft, einen Mangel an Vorstellungsvermögen zurückführte.

Indem sie das Gewissen, das für das Agieren im sozialen und politischen Raum unerlässlich ist, als eine Funktion des Geistes beschrieb, der ihrer eigenen Darstellung zufolge mehr als zweitausend Jahre lang als unabhängig von sozialen und politischen Vorgängen gegolten hatte, schlug sie hier mehr oder weniger unbemerkt eine Brücke zwischen dem Denken und dem Handeln, zwischen der *Vita contemplativa* und der *Vita activa*, zwischen Philosophie und Politik und griff einmal mehr die Frage auf, was denkende Menschen zu Akteuren im öffentlichen Raum macht und was umgekehrt handelnde Menschen zum Denken bringt beziehungsweise ob Menschen handeln können, ohne zu denken.

Gleichwohl interessierten sich die Hinterbliebenen derjenigen, die auf Eichmanns Veranlassung hin ermordet worden oder in den Lagern umgekommen waren, wenig für Arendts Kant-Rezeption oder ihre Handlungstheorie; sie empfanden es als geschmacklos, wenn sie Eichmann als »komisch« (EJ 16) bezeichnete. Nach ihrem Empfinden wertete Arendt ihre Leiden indirekt ab, indem sie den Angeklagten zum Hanswurst erklärte.

Die Folge war, dass der philosophische Subtext des Berichts – ähnlich wie im Fall »Little Rock« – nicht verstanden und auch Arendts Ausführungen über die Deportationen der Juden kaum diskutiert wurden, geschweige denn ihr Plädoyer dafür, die Todesstrafe gegen Eichmann zu verhängen und zu vollstrecken. Sie verzichtete darauf, dieses Votum strafrechtlich zu begründen, und schloss ihren Bericht mit einer fiktiven Ansprache an den Angeklagten; darin sprach sie ihn schuldig, sich eine Entscheidung darüber angemaßt zu haben, wer auf Erden leben dürfe und wer nicht. Niemandem sei es zuzumuten, seinerseits die Erde mit einem solchen Menschen zu teilen. Damit stimmte Arendt dem Urteil der Richter zu, gab aber auch zu verstehen, dass das Gericht es ihrer Meinung nach nicht geschafft hatte, Eichmanns Taten mithilfe des Strafrechts beizukommen.

Bei den Vertretern jüdischer Organisationen sowie bei jüdischen Intellektuellen in Israel und den USA stieß Arendts Prozessbericht auf massive Ablehnung. Sie warfen der Autorin vor, sie habe den Juden die Verantwortung für ihren eigenen Untergang zugeschrieben und gleichzeitig Eichmanns Verantwortung für die Durchführung der »Endlösung« heruntergespielt. Sie unterstellten ihr jüdischen Selbsthass, eine antizionistische Grundhaltung sowie einen Mangel an »Herzenstakt«.[18] Siegfried Moses, Vorsitzender des Zentralrates der Juden in Deutschland und ein alter Freund Arendts aus Berliner Zeiten, verfasste im Namen des Zentralrats einen offenen Brief, in dem er ihr wörtlich den Krieg erklärte.[19] Zudem erschien eine Reihe von Artikeln im *Aufbau*, einer deutsch-jüdischen Emigrantenzeitschrift mit Sitz in New York, in denen gegen Arendt – die in den vierziger Jahren selbst für den *Aufbau* geschrieben hatte – Stellung bezogen wurde. Die Anti Diffamation League (ADL) der B'nai Brith, einer Dachorganisation der jüdischen Gemeinden, verschickte eine Warnung vor der Lektüre von *Eichmann in Jerusalem* an alle ihre Büros und Vertretungen und gab eine Broschüre heraus, in der Arendts Argumente zusammengefasst und kritisiert wurden. Schließlich schrieb der Jerusalemer Staatsanwalt Jacob Robinson für *Facts*, eine Zeitschrift der B'nai Brith, mehrere kritische Artikel, die später in Buchform unter dem Titel *And the Crooked Shall Be Made Straight* veröffentlicht wurden. Robinson, der sich von Arendt persönlich angegriffen fühlte, listete in diesem Buch akribisch alle Fehler und Irrtümer auf, die er in ihrem Bericht finden konnte, bis hin zu falsch buchstabierten Eigennamen. Der israelische Generalstaatsanwalt Gideon Hausner flog nach New York, um dort vor Überlebenden des Lagers Bergen-Belsen Arendts Buch zu kritisieren. Im

Sommer 1963, als die Kontroverse in den USA auf ihren Höhepunkt zusteuerte, traf Arendt sich in der Schweiz mit Siegfried Moses, der sie aufforderte, die Buchpublikation zu stoppen – was Arendt aus Prinzip, nämlich um des Prinzips der freien Meinungsäußerung willen, ablehnte.[20]

Die wenigen Verbündeten, die sie hatte, konnten ihr kaum Unterstützung bieten. Der ebenfalls jüdische Kinderpsychologe Bruno Bettelheim (1903–1990), der ähnliche Positionen vertrat wie sie, wurde bei einer Veranstaltung im City College New York von einer empörten Masse niedergebrüllt, und der amerikanische Historiker Raul Hilberg (geb. 1926) fühlte sich von Arendt verraten, weil sie sich in ihrem Buch zwar auf sein Standardwerk über *Die Vernichtung der europäischen Juden* berufen, ihn aber nicht ordnungsgemäß zitiert hatte.[21] So blieben nur wenige Personen, deren Solidarität sich Arendt sicher sein konnte, und diese wenigen waren fast ausschließlich Nichtjuden wie Heinrich Blücher, Karl Jaspers und Arendts amerikanische Freundin Mary McCarthy. Auch sie konnten nicht verhindern, dass Arendt sich als Opfer einer – wie sie selbst es formulierte – Verschwörung gegen ihr Werk und ihre Person betrachtete, der mit sachlichen Argumenten kaum beizukommen war.

Dass Argumente nicht geeignet waren, den Konflikt zu entschärfen, zeigt sich besonders deutlich in Arendts persönlicher Auseinandersetzung mit Gershom Scholem. Scholem, ein alter Bekannter aus Berlin, unterstellte ihr einen Mangel an *Ahavat Israel* (wörtlich: Liebe zum jüdischen Volk), worauf Arendt entgegnete, sie habe noch nie ein Kollektiv, sondern stets nur Individuen geliebt, und alles andere wäre ihr auch zutiefst suspekt.[22] Die Freundschaft mit Scholem fand ebenso ein Ende wie die mit dem Kunstkritiker Harold Rosenberg, sogar die langjährige Freundschaft mit Kurt Blumenfeld, den sie vor seinem Tod im Mai 1963 nicht mehr persönlich sprechen konnte, wurde massiv gestört. Andere Freundschaften ließen sich nur dadurch retten, dass man das Thema auf sich beruhen ließ oder weil ihre Freunde es (frei nach Cicero) vorzogen, mit Arendt zu irren, statt mit ihren Gegnern recht zu haben. Viele der unzähligen Leserbriefe blieben unbeantwortet, und Arendt zog sich, soweit möglich, aus der Öffentlichkeit zurück.

Die Eichmann-Kontroverse ebbte im Verlauf des Jahres 1965 ab, doch trug Arendts Bericht indirekt zu der Entstehung einer weiteren, diesmal unter Fachhistorikern geführten Debatte bei, die in den achtziger Jahren ausgetragen wurde. Im Rahmen dieser Debatte standen sich zwei konkurrierende Deutungen des nationalsozialistischen Antisemitismus unter den Sammelbegriffen »Intentionalismus« und »Funktionalismus« gegenüber, die indirekt an die Kontroverse um die Konzepte »Faschismus« und »Totalitarismus« anknüpften.

Die Vertreter des Intentionalismus betonten die leitende Funktion Hitlers als eines autoritären Führers und die Zentralität einer rassistischen beziehungsweise antisemitischen Ideologie, deren handlungsweisende Kraft höher zu bewerten sei als das wirtschaftliche Interesse an der Enteignung und Deportation der Juden. Als Beleg hierfür wurde beispielsweise darauf verwiesen, dass die Deportationen gegen Kriegsende nicht gestoppt wurden, obwohl die Wehrmacht die Kapazitäten der Reichsbahn dringend für den Transport von Waffen und Munition gebraucht hätte. Die Funktionalisten hingegen fokussierten die bürokratische Struktur des NS-Regimes. Einzelne Täter charakterisierten sie nicht unbedingt als ideologisch motivierte Autoritätspersonen, sondern eher als Bürokraten, die Befehle entgegennahmen und pflichtgemäß ausführten. Als Motiv galt hier vor allem das wirtschaftliche Interesse an der Enteignung der Juden und Angehöriger anderer Minderheiten.

Die verschiedenen Lesarten hatten unausgesprochen bereits im Prozess gegen Eichmann und in der Kontroverse um Arendts Buch eine Rolle gespielt, insofern die Staatsanwaltschaft in dem Angeklagten gerade nicht den Schreibtischtäter, sondern den ideologisch verblendeten Initiator der Endlösung sah, während Arendt die gegenteilige Sichtweise vertrat. Dies scheint insofern paradox, als Arendt in ihrem Werk *Elemente und Ursprünge totaler Herrschaft* noch die Ansicht vertreten hatte, der nationalsozialistische Massenmord sei vorrangig ideologisch motiviert gewesen. Eichmann passte folglich nicht unbedingt in das Bild, das sie sich von dem typischen Nazitäter gemacht hatte. Gleichwohl hatte Arendt in diesem Buch auch funktionale Elemente wie die Stiftung von organisatorischem Chaos und die Unterdrückung spontaner Handlungen beschrieben.

Eindeutig zuzuordnen sind Arendts Schriften zum Nationalsozialismus weder dem Funktionalismus noch dem Intentionalismus; gleichwohl haben sich Vertreter des Funktionalismus stets auf ihre Charakterisierung Eichmanns als Schreibtischtäter berufen. So hat der Historiker Hans Mommsen in seiner Einleitung zur Neuauflage von *Eichmann in Jerusalem* im Jahr 1986 darauf verwiesen, dass einige der von Arendt in diesem Kontext aufgeworfenen Fragen in den vergangenen zwei Jahrzehnten gar noch an Aktualität gewonnen hätten.[23] So betrachtet ist es Arendt mit ihrem Prozessbericht doch gelungen, über die eigentliche Kontroverse hinaus Einfluss auf die historischen Interpretationen des Nationalsozialismus zu nehmen.

Über die Revolution

Historische Notwendigkeit und freies Handeln

Kurz vor ihrer Abreise nach Jerusalem hatte Arendt ein Buchmanuskript fertiggestellt, das 1963 unter dem Titel *On Revolution* zuerst bei University of Chicago Press und noch im selben Jahr in deutscher Übersetzung erschien. Bei diesem Buch handelt es sich um einen Vergleich der Amerikanischen Revolution von 1766 mit der Französischen Revolution von 1789, wobei Arendt unmittelbar auf die Begriffe zurückgreift, die sie in *Vita activa* für die Beschreibung politischer und sozialer Angelegenheiten entwickelt hatte. Das Ziel jeder Revolution, erklärt sie, ist immer die »Gründung der Freiheit« als politischer Raum, in dem Menschen öffentlich sprechen und handeln können; allein diese Gründung der Freiheit könne die Ausübung von Gewalt rechtfertigen. Dabei gehe es weniger um den Umsturz eines alten als vielmehr um die Einrichtung eines neuen Gemeinwesens, das die Freiheit seiner Bürger und potenziell der ganzen Menschheit garantieren soll. Gerade der letzte Gedanke sei genuin modern und habe erstmals in der Französischen Revolution eine entscheidende Rolle gespielt, da diese Revolution im Unterschied zu den antiken und mittelalterlichen Freiheitskämpfen Freiheit, Gleichheit und Brüderlichkeit für *alle* Menschen forderte.

Von entscheidender Bedeutung für den Ausbruch einer Revolution ist Arendts Ansicht nach die von ihr in *Vita activa* beschriebene Fähigkeit, spontan zu handeln und damit einen Neuanfang in der Welt zu setzen. Diese Fähigkeit sei allzu häufig mit Gewaltakten wie Kains Mord an Abel oder Romulus' Mord an Remus oder allgemein mit der Kriegsführung in Verbindung gebracht worden. Doch während Gewalt im Krieg als notwendig gelte, werde eine Revolution allein durch den ihr innewohnenden Neuanfang legitimiert, der keineswegs mit der Anwendung von Gewalt verbunden sein müsse; der langfristige Erfolg einer Revolution zeige sich ohnehin erst, wenn es gelinge, die neubegründete Freiheit durch den Erlass einer Verfassung zu stabilisieren.

Ein gutes Beispiel dafür, dass eine Revolution auch ohne Gewalt vonstattengehen kann, ist Arendts Ansicht nach die Amerikanische Revolution von 1766. Auch wenn viele Historiker diese Ereignisse gerade wegen ihrer Gewaltlosigkeit als bloße Steuerrevolte bezeichneten, sei dies einer der wenigen Fälle, in denen ein freiheitliches Gemeinwesen im Zuge einer Revolution gegründet und langfristig erhalten werden konnte. Unbehelligt von Armut, Krankheit und Not, unbehelligt auch von dem Gefühl des Mitleids, das gerade »die Besten in allen Revolutionen« ergriff und in ihrer Urteilsfähigkeit einschränkte (ÜR 89), sei es den amerikanischen *founding fathers* gelungen, der Freiheit im spontanen Handeln wie auch in der Verfassung Raum zu geben.

Die Französische Revolution hingegen interpretiert Arendt als gescheiterten Versuch einer sozialen Revolution, deren Vertretern es weder gelang, eine stabile Verfassung zu erlassen noch Armut und soziale Ungleichheit abzuschaffen. Ihr Scheitern sei einerseits darauf zurückzuführen, dass die Armut im vorrevolutionären Frankreich bereits solche Ausmaße angenommen habe, dass sie mit politischen Veränderungen allein überhaupt nicht mehr in den Griff zu bekommen war; ihr Scheitern sei aber auch darauf zurückzuführen, dass sich im Verlauf der Revolution der Glaube an eine historische Notwendigkeit ausgebreitet habe, der geradewegs in den Terror führte.

Die Idee der historischen Notwendigkeit bezeichnet Arendt gar als schwerwiegendste Folge der Französischen Revolution, da sie die Menschen habe glauben lassen, dass nicht ihr Handeln, sondern der Weltgeist oder die historische Dialektik ihr Tun bestimme. (Vgl. ÜR 63) Diese Vorstellung habe sich im Denken zahlreicher Philosophen niedergeschlagen und im Hegelianismus sowie im Marxismus ihren historischen Ort gefunden.

Alle terroristischen Exzesse, alle politischen Säuberungen seien seither mit dem Argument der historischen Notwendigkeit legitimiert worden. Parallel dazu habe sich im Marxismus die Vorstellung entwickelt, man könne – wenn man ihre Gesetze einmal verstanden habe – Geschichte »machen« wie einen Tisch oder Stuhl. Besonders grausam sei diese Idee in der Oktoberrevolution von 1917 zum Tragen gekommen, deren Protagonisten davon überzeugt gewesen seien, dass es eine Revolution ohne Säuberungen in den eigenen Reihen nicht geben könne und dass man deshalb Verräter (die in der Regel keine waren) selbst »produzieren« müsse. Tatsächlich aber widerspreche der Glaube an die historische Notwendigkeit dem Glauben an die Freiheit, die sich im revolutionären Handeln spontan entlädt. Geschichte sei nie Ausdruck irgendeiner Gesetzmäßigkeit; vielmehr gelinge es handelnden Menschen immer wieder, unabwendbar scheinende historische Entwicklungen aufzuhalten und ihnen eine neue und unvorhersehbare Wendung zu geben. Damit schlägt Arendt einerseits den Bogen zurück zu *Vita activa* und der darin enthaltenen Kritik an einer modernen Gesellschaft, in der das Handeln stetig an Bedeutung verliert; damit schlägt sie aber auch einen Bogen zurück zu der Schrift *Elemente und Ursprünge totaler Herrschaft*, in der sie die Vorstellung, Handeln durch Herstellen ersetzen zu können, als totalitär beschreibt.

In diesem Zusammenhang greift Arendt nun ihre Kritik des Marxismus wieder auf, die ursprünglich im Zentrum von *Vita activa* hatte stehen sollen. Ihre Kritik setzt am Marxschen Arbeitsbegriff an, der in allen entscheidenden Punkten vom

Arbeitsbegriff der Antike abwich. Hielt Aristoteles noch alle Arbeiten, die der Aufrechterhaltung des reinen Lebensprozesses dienten, eines freien Mannes für unwürdig, so erklärte Marx nun die Arbeit zum Motor der Weltgeschichte und bestimmte diejenigen Faktoren, die in der klassischen politischen Theorie stets im Vordergrund gestanden hatten – wie Verfassungsangelegenheiten, Gesetzgebung und Außenpolitik –, zum bloßen Überbau, dessen Basis die wirtschaftlichen Verhältnisse bilden. Vorrang hatte für ihn folgerichtig die Frage der Verteilung der durch Arbeit erwirtschafteten Güter, die Frage von Armut und Reichtum.

Die Folge der marxistisch begründeten Revolutionen war jedoch, so Arendt, nicht die Beseitigung der Armut, sondern die Übertragung des Begriffs der historischen Notwendigkeit auf das Handeln. Fortan wurde jede Gewalttat, jede Ungerechtigkeit als Teil der historischen Dialektik und damit selbst als notwendig betrachtet. Seither sei »nicht mehr die Freiheit, bekanntlich ein kleinbürgerliches Vorurteil, sondern der Überfluß das erstrebte Ziel aller Revolutionen gewesen [...], und die erhoffte Lösung der sozialen Frage war nicht mehr die Abschaffung der Gesellschaft oder der Klassengesellschaft [...], sondern im Gegenteil die ›Vergesellschaftung der Menschheit‹« (ÜR 80). Eine solche Vergesellschaftung aber ziehe unaufhaltsam den Verlust des Politischen, der Handlungsfähigkeit und des performativen Potenzials nach sich, die allein dem spontanen und unberechenbaren Handeln innewohnen.

Dass die Amerikanische Revolution als einzig gelungene moderne Revolution sich nicht als Modell habe durchsetzen können, führt Arendt unter anderem darauf zurück, dass sie weder im klassischen noch im christlichen Denken irgendein Vorbild hatte. Aristoteles und Polybios hätten zwar ein Modell vom Kreislauf der Verfassungen entwickelt, dabei aber der Frage, wie der Wechsel von einer zur anderen Verfassung zustande komme, nur wenig Aufmerksamkeit geschenkt beziehungsweise den Wechsel als eine sich mehr oder weniger von selbst entfaltende Folge von Aufstieg und Verfall behandelt. Im christlichen Denken spiele wohl der Gedanke des Neubeginns mit der Geburt Jesu eine zentrale Rolle, doch handele es sich hier um einen heilsgeschichtlich einmaligen Neubeginn, den zu wiederholen oder auf das säkulare Geschehen zu übertragen gar nicht denkbar sei.

Zudem sei der Begriff der Revolution eher unglücklich gewählt, da er ursprünglich aus der Astronomie stamme, dort aber – wie in Kopernikus' Hauptwerk *De revolutionibus orbium coelestium* – nicht den Neuanfang bezeichne, sondern gerade die zyklische Wiederkehr der Himmelskörper. (Vgl. ÜR 50 f.) Interessant sei diese Wortwahl insofern, als noch die Revolutionäre des 18. Jahrhunderts in Frankreich wie in Amerika geglaubt hätten, dass sie eine Ordnung wiederherstellten, die »von der Monarchie im Zeitalter des Absolutismus verletzt und vergewaltigt worden war« (ÜR 53). Damit schließt Arendt sich der seinerzeit von Alexis de Tocqueville (1805–1859) geäußerten Einschätzung an, der zufolge das Ziel der bevorstehenden Revolution »nicht der Umsturz des Ancien Régime, sondern seine Wiederherstellung« hätte sein sollen (zit. nach ÜR 54).

Arendt widerspricht in diesem Zusammenhang der verbreiteten Vorstellung, eine Revolution sei mit größter Wahrscheinlichkeit dann zu erwarten, wenn die Macht eines Staates als unerträglich empfunden werde. Revolutionen brächen vielmehr dann aus, wenn die Macht »auf der Straße liege« und nur darauf warte, ergriffen zu werden. (Vgl. ÜR 59) Entscheidend sei dabei zunächst weniger das Ziel als vielmehr die Lust am Handeln, die in einem eigentümlichen Missverhältnis zu dem stehe, was heute unter dem Begriff der »Interessenvertretung« einen großen Teil des planbaren und berechenbaren politischen Handelns ausmacht. Im Schatten dieser Interessenvertretung seien aus handelnden Menschen konformistische Bürger geworden, die die Physiognomie des 19. und 20. Jahrhunderts nachhaltiger prägten als alle Revolutionäre zusammen. (Vgl. ÜR 182)

Allein die amerikanischen *founding fathers* sahen, dass sich im spontanen Handeln nicht der Weltgeist oder irgendeine andere transzendente Größe offenbart, sondern allein die Person, die im Handeln ihr Glück sucht. Dieses Streben nach Glück wurde unter dem Stichwort *pursuit of happiness* als Grundrecht in die Verfassung aufgenommen, weil die amerikanischen im Gegensatz zu den europäischen Revolutionären erkannten, dass »keiner ›glücklich‹ genannt werden kann, der nicht an öffentlichen Angelegenheiten teilnimmt, daß niemand frei ist, der nicht aus Erfahrung weiß, was öffentliche Freiheit ist, und daß niemand frei oder glücklich ist, der keine Macht hat, nämlich keinen Anteil an öffentlicher Macht« (ÜR 326 f.).

Ungeachtet einer solchen Begeisterung für die Gründung der amerikanischen Demokratie konnte Arendt nicht umhin, auch auf die Missstände hinzuweisen, von denen die amerikanische Gegenwart geprägt war. Auf dem Höhepunkt der McCarthy-Ära erwog sie erstmals, nach Europa zurückzukehren. Desillusioniert schrieb sie 1958 an Jaspers: »Es ist atemberaubend spannend und großartig, nämlich die amerikanische Revolution, die Gründung der Republik, die Verfassung. Madison, Hamilton, Jefferson, John Adams – was für Männer. Und wenn man dann sieht, wie es heute ist – was für ein Abstieg.«[24]

Sie kritisierte die in den Südstaaten nach wie vor existierende Rassentrennung; im Kontext der Watergate-Affäre schrieb sie einen langen Essay mit dem Titel *Lying in Politics*, in dem sie das Verhalten des Präsidenten scharf verurteilte, und in einem Text, den sie anlässlich des zweihundertsten Jahrestages der Revolution verfasste, brachte sie deutlich ihre Kritik am Vietnamkrieg zum Ausdruck. An ihrer Einschätzung, dass die Amerikanische Revolution die einzige gelungene unter allen modernen Revolutionen gewesen sei, änderte dies jedoch nichts.

Anmerkungen zur Rezeptionsgeschichte

Weder in der historischen noch in der politikwissenschaftlichen Revolutionsforschung hat Arendts Schrift *Über die Revolution* nachhaltige Spuren hinterlassen. Möglicherweise ist die schwache Rezeption darauf zurückzuführen, dass das Buch lange Zeit im Schatten der Eichmann-Kontroverse stand; dieser Umstand erklärt indes nicht, warum das Werk, wo man es überhaupt zur Kenntnis nahm, brutal verrissen wurde. Eric Hobsbawm, einer der bekanntesten Revolutionshistoriker des 20. Jahrhunderts, ließ seinem Unmut darüber freien Lauf, dass Arendt keine historische Untersuchung, sondern eher eine unsystematische und unwissenschaftliche Metareflexion über das 18. Jahrhundert, über Frankreich und die Vereinigten Staaten angestellt habe. Wie im Fall Eichmann musste sie sich auch hier vorwerfen lassen, unseriös mit Fakten und Quellen umgegangen zu sein und sich stattdessen in Konstruktionen verstiegen zu haben, die eher das Geschäft der Dichtung als das der Geschichtsschreibung seien: »Her statement is not really a historical one, but rather, as it were, a line in an intellectual drama, which it would be as unfair to judge by historical standards as Schiller's *Don Carlos*.«[25] (Auf Deutsch: Ihre Botschaft ist eigentlich keine historische, sondern eher eine Zeile in einem intellektuellen Drama, das man fairerweise ebenso wenig nach historischen Standards beurteilen wird wie Schillers *Don Carlos*.)

Angesichts so weniger Reaktionen ist anzunehmen, dass die meisten Fachhistoriker Hobsbawms Urteil teilten und Arendts

Buch allenfalls als Kuriosum zur Kenntnis nahmen. Dies ist insofern stimmig, als es nicht Arendts Absicht gewesen war, eine systematische Revolutionsgeschichte zu schreiben. Wie immer betrieb sie eine Art historische Phänomenologie und ordnete ihr Material anhand bestimmter Grundbegriffe wie »Freiheit« oder »Notwendigkeit«, um davon ausgehend den Sinn des Geschehens zu ergründen. Dieser Sinn lag ihrer Ansicht nach nicht in der Abschaffung der Klassengesellschaft, sondern in der Freiheitserfahrung, im performativen Handeln und dem daraus entspringenden Glück der Akteure.

Ein solch performativer Handlungsbegriff war in ihrer Zeit ebenso wenig opportun wie der ausgesprochen positive Begriff der Macht, den Arendt ihrer Darstellung der Revolutionen zugrunde legte. Dass es allein den amerikanischen Revolutionären gelungen sei, ein freiheitliches Gemeinwesen dauerhaft zu etablieren, führte Arendt nämlich nicht zuletzt auf ihr pragmatisches Verhältnis zur Macht zurück: Nur weil sie Macht und Freiheit als Zwillingspaar betrachteten, habe sich unter den amerikanischen Revolutionären eine Freude am Handeln entwickelt, die den französischen Revolutionären völlig fremd gewesen beziehungsweise im Terror erstickt sei. Ein System von *checks and balances*, charakteristisch für das föderale System der Vereinigten Staaten, sei bestens geeignet, Macht zu begrenzen und gleichzeitig zu erhalten, so dass keine Kraft im Staat die anderen in ihrer Freiheit einschränken könne. Gefährlicher als eine allzu hohe Machtkonzentration sei ein Machtverlust oder gar die Ohnmacht der Staatsorgane. Mit der Gewaltenteilung und der Einrichtung von Bürgerversammlungen sei es den amerikanischen Gründungsvätern jedoch gelungen, die Macht adäquat zu verteilen und zudem in der breiten Bevölkerung ein positives Verhältnis zur Macht zu fördern.

Solche Aussagen brachten Arendt weniger bei den Historikern als vielmehr bei der europäischen Linken in Misskredit, deren Selbstverständnis wesentlich von einer Fundamentalkritik staatlicher Macht bestimmt war. Einmal mehr schien Arendt sich mit ihrem Lob der Verfassung als staatstragende Theoretikerin zu profilieren, womit sie sich vor allem bei Vertretern der kritischen Theorie – und deren Fußvolk – äußerst unbeliebt machte. Dass sie ausgerechnet die als Kernland des Imperialismus geltenden Vereinigten Staaten als das einzige Land bezeichnete, in dem eine Revolution gelungen sei, machte sie dieser tendenziell antiamerikanisch eingestellten Klientel nicht eben sympathischer. Daran änderte auch der Umstand nichts, dass Arendt in ihrer Publikation *Über die Revolution* erstmals ihre Präferenz für die Rätedemokratie zum Ausdruck brachte, wenn auch nicht mit Verweis auf die russischen Sowjets, sondern auf die amerikanischen *town hall meetings*.

Eine umfassende Rezeption des Revolutionsbuchs ließ auf sich warten, bis mit dem Ende des Kalten Krieges die bereits mehrfach erwähnte Arendt-Renaissance einsetzte. Nun wurde das Buch nicht mehr als Beitrag zur Revolutionsforschung, sondern als Bestandteil des Arendtschen Gesamtwerks rezipiert, wobei der Begriff des performativen Handelns im Mittelpunkt stand und erstmals als Alternative zu dem in der Linken verbreiteten strategischen Handlungsbegriff beziehungsweise zu Habermas' Begriff des kommunikativen Handelns Anerkennung erfuhr.

Nachdenken über Deutschland

Im Winter 1949/50 reiste Arendt nach sechzehnjähriger Abwesenheit im Auftrag der Jewish Cultural Reconstruction wieder nach Deutschland. Während dieser Reise besuchte sie Karl Jaspers und auch Martin Heidegger, dem sie die Übernahme des Rektorats der gleichgeschalteten Universität Freiburg im Jahr 1933 ebenso verübelt hatte wie die Distanzierung von seinem jüdischen Lehrer Edmund Husserl. Nun aber war sie bereit, den Dialog mit ihrem ehemaligen Geliebten und Lehrer wieder aufzunehmen; sie traf erstmals sogar dessen Ehefrau Elfride, über deren nationalistische und antisemitische Gesinnung sie gut informiert war.

Obwohl sie kaum erwog, dauerhaft nach Deutschland zurückzukehren, war sie doch willens, das Gespräch mit den Deutschen über ihre Vergangenheit, über die Ursachen und Folgen des nationalsozialistischen Traditionsbruchs aufzunehmen. Sie signalisierte die Bereitschaft zum Dialog, nahm sich aber auch das Recht, ihre Kritik unverblümt, manchmal auch undiplomatisch zum Ausdruck zu bringen.

Über die Eindrücke ihrer ersten Europa-Reise verfasste sie Anfang 1950 einen Bericht mit dem Titel *Besuch in Deutschland*, in dem sie ganz alltägliche Begebenheiten beschrieb, die zeigen, dass von einer »Stunde Null« – dem beliebten Etikett für die Gründung der Bundesrepublik im Jahr 1949 – kaum die Rede sein konnte. Vielmehr hing, so Arendt, über ganz Europa ein »Schatten tiefer Trauer« (BiD 43), der sich aus dem Anblick der zerstörten Städte, der Omnipräsenz der neuen Flüchtlingsströme aus den Ostgebieten, einer schmerzlichen und anhaltenden Erinnerung an den letzten und der Angst vor einem möglichen nächsten Krieg nährte. Nirgends aber werde über diese Ängste weniger gesprochen als in Deutschland: »Inmitten der Ruinen schreiben die Deutschen einander Ansichtskarten von den Kirchen und Marktplätzen, den öffentlichen Gebäuden und Brücken, die es gar nicht mehr gibt. Und die Gleichgültigkeit, mit der sie sich durch die Trümmer bewegen, findet ihre genaue Entsprechung darin, daß niemand um die Toten trauert; sie spiegelt sich in der Apathie wider, mit der sie auf das Schicksal der Flüchtlinge in ihrer Mitte reagieren oder vielmehr nicht reagieren. Dieser allgemeine Gefühlsmangel, auf jeden Fall aber die offensichtliche Herzlosigkeit, die manchmal mit billiger Rührseligkeit kaschiert wird, ist jedoch nur das auffälligste äußerliche Symptom einer tief verwurzelten, hartnäckigen und gelegentlich brutalen Weigerung, sich dem tatsächlich Geschehenen zu stellen und sich damit abzufinden.« (BiD 44 f.)

Diese Grundstimmung zog sich, so Arendt, durch alle Bevölkerungsschichten und alle Altersstufen und ging einher mit einem bemerkenswerten Desinteresse für das Schicksal der Juden. Wenn sie sich einem deutschen Gesprächspartner als Jüdin zu erkennen gebe, werde sie stets mit Klagen über das Schicksal der Deutschen überhäuft, während Fragen nach dem Verbleib ihrer Familie nie gestellt würden. Allenfalls werde eine »Leidensbilanz« erstellt und für ausgeglichen erklärt, so dass das Thema gewechselt werden könne. All dies gehe mit einer beträchtlichen historischen Unkenntnis einher, die einer Flucht vor der Wirklichkeit gleichkomme. Aus der »Wirklichkeit der Todesfabriken wird eine bloße Möglichkeit: die Deutschen hätten nur das getan, wozu andere auch fähig seien [...] oder wozu andere künftig in der Lage wären« (BiD 46).

Als besonders erschreckend empfand Arendt diesen Realitätsverlust dort, wo Tatsachen zu Meinungen umgedeutet und damit die Grundregeln der Kommunikation verletzt wurden. Als Beispiel nannte sie die überraschende Vielfalt von Ansichten darüber, wer den Zweiten Weltkrieg begonnen habe, eine Vielfalt, die sich ihrer Wahrnehmung nach unabhängig von Intelligenz und Bildung der befragten Personen entwickelte. Erschreckend sei dies nicht nur im Hinblick auf die offensichtlichen Geschichtsverdrehungen, sondern »weil der Durchschnittsdeutsche ganz ernsthaft glaub[e], dieser allgemeine Wettstreit, dieser nihilistische Relativismus gegenüber Tatsachen sei das Wesen der Demokratie« (BiD 47). Eine Hinterlassenschaft der Nazis sei dies insofern, als gerade sie dem Volk beigebracht hätten, die Realität als ein ständig sich änderndes Konglomerat von Ereignissen und Parolen wahrzunehmen und Fakten, sofern nicht existent, selbst zu schaffen. Sie fühle sich erdrückt von »öffentlicher Dummheit« (BiD 49); alle Geschäftigkeit beim Wiederaufbau des Landes dient ihrer Wahrnehmung nach dazu, Gedanken an die Vergangenheit wegzuschieben und nicht über die Ursachen der Zerstörung nachdenken zu müssen.

Einer der wenigen Gesprächspartner, mit denen Arendt über die deutsche Vergangenheit sprechen konnte, war ihr Lehrer und Freund Karl Jaspers. Mit ihm hatte sie bereits im Januar 1933 einen brieflichen Disput darüber geführt, was das »deutsche Wesen« sei und ob es ein solches überhaupt gebe. Während Jaspers dieses als »Vernünftigkeit und Menschlichkeit aus dem Ursprung der Leidenschaft« bezeichnete und im guten Sinn in Max Weber (1864–1920) verkörpert sah, erklärte Arendt, dass sie als Jüdin mit dem Begriff wenig anfangen könne. Für sie sei Deutschland »die Muttersprache, die Philosophie und die Dichtung«; aus allem anderen halte sie sich heraus.[26]

Nun aber, wenige Jahre nach dem Ende des Zweiten Weltkriegs, kam die Frage nach dem Umgang mit Deutschland und den Deutschen noch einmal neu auf die Tagesordnung. Arendt hatte Jaspers' Entscheidung, in die innere Emigration zu gehen und keinen Widerstand zu leisten, stets respektiert – eine Entscheidung, mit der er seiner jüdischen Frau Gertrud aller

Wahrscheinlichkeit nach das Leben gerettet hat. Mit seinem Buch über die Schuldfrage, in dem er bereits 1946 eine moralische Aufarbeitung der Nazidiktatur versuchte, konnte sie jedoch wenig anfangen. Jedenfalls widersprach sie ihrem Mann nicht, der das Buch trotz der durchscheinenden »Schönheit und Noblesse« als ein »verdammtes und verhegeltes, christlich-pietistisch-muckerisches nationalisierendes Gewäsch« bezeichnete, als »ethisches Reinigungsgebabbel«, das lediglich geeignet sei, »Verantwortung zu vernichten«[27]. Arendt selbst hielt sich mit Kritik zurück, da sie Jaspers' grundsätzliche Bereitschaft, sich mit der Vergangenheit und mit der konkreten Schuld der Kriegsgeneration auseinanderzusetzen, höher schätzte als die konkreten Aussagen, die er in seinem Buch gemacht hatte.

Das wohl beeindruckendste Zeugnis einer schwierigen Beziehung zu Deutschland und den Deutschen ist ein Interview, das Günter Gaus mit Arendt führte und das am 28.Oktober 1964 in der Reihe »Zur Person« vom ZDF ausgestrahlt wurde. Darin erzählt Arendt von den Erfahrungen, die sie im Deutschland der frühen dreißiger Jahre, vor allem in akademischen Kreisen, gemacht hatte. Hier sei Gleichschaltung nicht die Ausnahme, sie sei vielmehr die Regel gewesen: »Daß die Nazis unsere Feinde sind – mein Gott, wir brauchten doch, bitteschön, nicht Hitlers Machtergreifung, um das zu wissen! […] Das Problem, das persönliche Problem war doch nicht etwa, was unsere Feinde taten, sondern was unsere Freunde taten. Was damals in der Welle von Gleichschaltung, die ja ziemlich freiwillig war, jedenfalls noch nicht unter dem Druck des Terrors vorging: das war, als ob sich ein leerer Raum um einen bildete.«[28] Die Erfahrung, dass der Widerstand gegen den aufkommenden Nationalsozialismus auch unter den eigenen Freunden gering war, dass manche von ihnen sich über Nacht als Antisemiten zu erkennen gaben – dies sei der eigentliche Schock von 1933 gewesen.

Arendts große Bereitschaft, einen privaten und auch einen öffentlichen Dialog über die Vergangenheit zu führen, lässt sich nicht zuletzt damit erklären, dass sie selbst sich in der deutschen Sprache, Kultur und Philosophie zutiefst verwurzelt fühlte. Umso größer war ihr Ärger über das Unvermögen der Kriegsgeneration, sich der eigenen Vergangenheit zu stellen. Dieser Ärger schlug häufig in Ironie oder blanken Zynismus um. So schrieb sie ihrem Mann, als sie von Jerusalem aus über den Eichmann-Prozess berichtete, Israel sei »überflutet von Deutschen, die so philosemitisch sind, daß einen das Kotzen ankommt. So unter anderem mein Tischnachbar hier, der Frankfurter Bürgermeister mit Frau, die gerade ihren Sohn nebst einem Freund in einen Kibbuz eingeliefert haben.«[29] Diese »Israelitis«, wie sie das Phänomen sarkastisch nannte, fand sie ebenso abstoßend wie den Antisemitismus der Vorkriegszeit oder die Weigerung, sich überhaupt mit den nationalsozialistischen Verbrechen auseinander-zusetzen. Mit Beunruhigung beobachtete sie, dass diese Art von Philosemitismus auch der ersten deutschen Nachkriegsgeneration zu Eigen war – einer Generation, die zwar deutlich die Bereitschaft signalisierte, sich mit der Vergangenheit zu beschäftigen, dabei aber ihrerseits in einen Schuldduktus verfiel, der kaum ernst gemeint sein konnte, da niemand aus dieser Generation persönliche Schuld auf sich geladen hatte. Sie hielt diese Generation für eine Generation von Opportunisten, die es sich in ihrer Schuldrhetorik nur zu bequem eingerichtet hatte: »Die normale Reaktion einer Jugend, der es mit der Schuld der Vergangenheit ernst ist, wäre Empörung. Und Empörung wäre zweifellos mit gewissen Risiken verbunden – nicht gerade eine Gefahr für Leib und Leben, doch entschieden ein Handikap für die Karriere. Das alles sehr verständlich; aber wenn diese Jugend von Zeit zu Zeit – bei Gelegenheit des Anne-Frank-Rummels oder anläßlich des Eichmann-Prozesses – in eine Hysterie von Schuldgefühlen ausbricht, so nicht, weil sie unter der Last der Vergangenheit, der Schuld der Väter, zusammenbricht, sondern weil sie sich dem Druck sehr gegenwärtiger und wirklicher Probleme durch Flucht in Gefühle, also durch Sentimentalität entzieht.«[30]

Ihre Skepsis gegenüber der deutschen Kriegs- und Nachkriegsgeneration legte Arendt nie ab, doch fand sie einen Modus vivendi, der es ihr erlaubte, Deutschland zu besuchen und ihre Freundschaften zu pflegen. Wenn sie auf Kritik verzichtete, so tat sie es, um Freundschaften nicht zu gefährden, deren Wert sie, wie wir sehen werden, höher einschätzte als den der Wahrheit.

»… und die Wahrheit selbst sei Gott empfohlen!« – Biografische Schriften über Freunde und Wahlverwandte

Sehr früh entwickelte Arendt ein Faible für das biografische Genre. Bereits Ende der zwanziger Jahre entstanden im Kontext der Varnhagen-Biografie erste kurze Texte über Adam Müller und Friedrich Gentz; später schrieb sie eine ganze Reihe von Essays anlässlich von Geburtstagen und Preisverleihungen, Einleitungen und Rezensionen mit biografischem Bezug sowie Nachrufe auf verstorbene Freunde. Die Vorliebe für dieses Genre speiste sich unter anderem aus ihrem Interesse für handelnde Menschen, doch vor allem speiste sie sich aus ihren Freundschaften und Wahlverwandtschaften.

1968 wurden erstmals zehn dieser biografischen Essays zu einem Buch mit dem Titel *Men in Dark Times* zusammengefasst und im New Yorker Verlag Harcourt Brace Jovanovich veröffentlicht. Diese Sammlung enthält Texte über Gotthold Ephraim Lessing, Rosa Luxemburg, Angelo Giuseppe Roncalli, Karl Jaspers, Isak Dinesen alias Tania Blixen, Hermann Broch, Walter Benjamin, Bertolt Brecht, Waldemar Gurian und Randall Jarrell. In die 1989 unter dem Titel *Menschen in finsteren Zeiten* erschienene deutsche Übersetzung wurden zusätzlich Essays über Martin Heidegger, Nathalie Sarraute, W. H. Auden und Robert Gilbert aufgenommen. Der englische wie der deutsche Titel spielen auf Brechts Gedicht *An die Nachgeborenen*[31] an:

Ihr, die ihr auftauchen werdet aus der Flut
In der wir untergegangen sind
Gedenkt
Wenn ihr von unseren Schwächen sprecht

Auch der finsteren Zeit
Der ihr entronnen seid.
[...]
Gedenkt unserer
Mit Nachsicht.

Karl Jaspers, Hermann Broch, Walter Benjamin, Waldemar Gurian, Randall Jarrell, Martin Heidegger, W. H. Auden und Robert Gilbert waren enge Freunde des Hauses Arendt/Blücher. Einige von ihnen waren alte Freunde, mit denen man durch dick und dünn gegangen war, wie Heinrich Blüchers Jugendfreund Robert Gilbert, einige waren neue Freunde, wie Nathalie Sarraute, die Arendt in Berkeley kennengelernt hatte, oder der Dichter W. H. Auden, zu dem sie in späten Jahren ein fast mütterliches Verhältnis entwickelte. Mit Lessing, Roncalli, Brecht und Blixen verband Arendt eine intellektuelle Wahlverwandtschaft, in deren Rahmen Kritik ebenso formuliert wurde wie Anerkennung für Leben und Werk.

Am Anfang des Sammelbandes steht eine Rede, die Arendt anlässlich der Verleihung des Lessing-Preises durch die Stadt Hamburg im Jahr 1959 gehalten hatte. Diese Rede, in der Arendt über Lessings Ansichten zu Wahrheit und Freundschaft spricht, ist in zweierlei Hinsicht programmatisch. Zum einen zählte Arendt Lessing (1729–1781) zu den Menschen, die in »finsteren Zeiten« lebten; darunter verstand sie Zeiten, in denen politische Auseinandersetzungen in der Öffentlichkeit mit Argwohn verfolgt und bestenfalls für ein notwendiges Übel gehalten wurden. Selbst Lessing, dem Mann des Dialogs, sei es nicht gelungen, im »Sprechen über die Welt und die Dinge der Welt auch das Unmenschliche noch zu vermenschlichen« (MfZ 47). Finstere Zeiten sind das negative Pendant zu solchen Zeiten, in denen das Handeln und die Kommunikation den öffentlichen Raum erhellen. Zu diesen gehören

Arendt zufolge die Blütezeit der griechischen Polis sowie die gelungenen Revolutionen. Programmatisch ist der Essay aber auch, weil Arendt an Lessing – mehr als an allen anderen Aufklärern – eine besondere Menschlichkeit schätzte: die Bereitschaft, den Anspruch auf Wahrheit der Freundschaft unterzuordnen und den Austausch von Meinungen der Konfrontation mit vermeintlichen Gewissheiten vorzuziehen. Eine solche Grundhaltung sah Arendt in einem Satz auf den Punkt gebracht, den Lessing in einem Brief an Albert Heinrich Reimarus formulierte: »Jeder sage, was ihm Wahrheit dünkt, und die Wahrheit selbst sei Gott empfohlen!« (Zit. nach MfZ 48)[32]

Mit dem doppelten Hinweis auf die finsteren Zeiten und deren Erhellung durch den Dialog zwischen Menschen ist das Terrain für den ganzen Band abgesteckt. Dabei liest sich vor allem Arendts Essay über Walter Benjamin (1892–1940) als Hommage an eine über jeden Zweifel erhabene Freundschaft. In diesem Text, den Arendt erstmals 1968 – also achtundzwanzig Jahre nach Benjamins Tod – in englischer Sprache veröffentlichte, verteidigt sie den Freund gegen posthume Angriffe von Kritikern, aber auch gegen diejenigen Freunde, die sich ihrer Ansicht nach nicht wie Freunde verhielten. Zu ihnen rechnete Arendt vor allem Max Horkheimer und Theodor W. Adorno als Gründungsväter der Frankfurter Schule, in der Benjamin stets eine Randfigur geblieben war. Ihnen warf sie vor, die Edition der Benjaminschen Werke, die sie selbst nach Amerika gebracht hatte, unnötig verzögert zu haben, weil sie ihnen zu unmarxistisch gewesen seien.

Dass Benjamin innerhalb der akademischen Welt stets eine Außenseiterposition innehatte, lag Arendts Ansicht nach daran, dass er (wie Heidegger) außerhalb und jenseits der ausgetretenen akademischen Pfade etwas ganz Eigenes und ganz Neues geschaffen habe; dass er über Literatur und Geschichte schrieb, ohne Literaturwissenschaftler oder Historiker zu sein, und dass er Literaturkritik im kantischen Sinn betrieb: Nicht den Sachgehalt eines Werks habe er zu ergründen gesucht, sondern seinen Wahrheitsgehalt – ohne dabei die Existenz einer universalen und immer gültigen Wahrheit zu unterstellen. Arendt schätzte an Benjamin, dass er frei war von akademischem Dünkel und von den Eitelkeiten, die sie den meisten anderen mit der Frankfurter Schule assoziierten Wissenschaftlern unterstellte. Seine besondere Menschlichkeit und sein außergewöhnliches Talent für die Freundschaft führte sie darauf zurück, dass Benjamin seit seiner Kindheit immer wieder von Missgeschicken geplagt worden sei, die in ihm ein großes Verständnis für die Missgeschicke anderer wachsen ließen. Hätte er in besseren Zeiten gelebt, wäre ihm ein besseres Schicksal sicher gewesen. So aber wurde sein Werk »trotz mancher Absonderlichkeit im einzelnen ein so reines Zeugnis für die finsteren Zeiten und Länder des Jahrhunderts, wie das Werk, das mit so viel Verzweiflung diesem Leben abgezwungen wurde, paradigmatisch bleiben wird für die geistige Situation der Zeit« (MfZ 191). Lange bevor Benjamin eine breite Rezeption erfuhr, setzte Arendt ihm mit diesem Essay ein ganz persönliches Denkmal. Sie würdigte darin nicht nur das Werk, sondern auch den Freund, den die finsteren, sprachlosen und unmenschlichen Zeiten allzu früh in den Tod getrieben hatten.

Anders als mit Benjamin verband Arendt mit Tania Blixen (1885–1962) zunächst nur eine flüchtige Bekanntschaft, die jedoch in eine entschiedene Wahlverwandtschaft mündete. Auch Blixen gehörte zu denjenigen, denen das Schicksal übel mitgespielt hatte. Als junge Frau war sie mit ihrem Ehemann Bror Blixen von Dänemark nach Afrika gezogen, um dort Kaffee anzubauen. Ihr Ehemann betrog sie, infizierte sie mit Syphilis und trieb sie in den wirtschaftlichen Ruin. Ein Liebhaber tauchte auf, ein britischer Abenteurer, den die junge Frau nur dadurch an sich binden konnte, dass sie die Scheherezade spielte und ihm zum Zeitvertreib zahllose Geschichten erzählte. Doch der Liebhaber kam bei einem Flugzeugabsturz ums Leben, und die junge Frau sah sich bald gezwungen, ihre Farm aufzugeben und nach Dänemark zurückzukehren. Dort verbrachte sie den Rest ihres langen Lebens mit dem Schreiben von Geschichten und Romanen. Ihre eigene Geschichte veröffentlichte sie unter dem Titel *Out of Africa*, unter dem sie lange nach ihrem Tod von Steven Spielberg verfilmt wurde.

Wie bei Benjamin fühlte Arendt sich angezogen von der »Wahrhaftigkeit«, mit der bei Blixen Leben und Schreiben ineinander übergingen. Hätte sie sich nicht eine Beschäftigung suchen müssen, die Geld einbrachte, hätte sie ihr ganzes Leben auf einer Farm in Afrika verbracht und nur geschrieben, um sich in Dürrezeiten die Langeweile zu vertreiben. So aber bekam das Schreiben eine kathartische Funktion: »Wenn der Erzähler der Geschichte gegenüber treu ist [...], wird am Ende die Stille sprechen. Wurde die Geschichte verraten, ist die Stille leer.«[33]

Es ist dieses unakademische, an sich selbst sich abarbeitende Verhältnis zur Literatur, das Arendt auch bei Brecht (1898–1956) schätzte, dessen politische Irrungen sie mit großer Spannung verfolgte. Am Ende ereilte ihn, so Arendts Urteil, die schwerste Strafe, die einen Dichter treffen kann, nämlich der Verlust der Sprache. Mit seiner Integration in den »realen Sozialismus« der DDR habe Brecht das Exil verlassen, aber auch die Gnade der Götter verschenkt, die ihm eine ganz außergewöhnliche Begabung mitgegeben hatten: »Man kann die Dichter nicht bestrafen (wenn man sie ins Gefängnis setzt, hören sie darum noch lange nicht auf zu dichten), weil die einzige Strafe, die sie erleiden können, sofern man sie nur überhaupt am Leben läßt, der plötzliche Verlust dessen ist, was seit eh und je als eine Gabe der Götter gegolten hat.« (MfZ 251)

Das Privileg der Dichter sei es, die Worte zu prägen, mit denen die anderen sich die Welt erschließen; aber niemand werde sich »zu diesem Zweck das aussuchen, was Brecht zum Preise Stalins schrieb« (MfZ 288). Wenn Brecht die Nachgeborenen um Nachsicht für die Menschen bitte, die in finsteren Zeiten lebten, so bitte er um Nachsicht für sich selbst. Dass er auf den Verrat der eigenen Ideale mit dem Verlust der Sprache reagierte, zeichne ihn paradoxerweise gerade als ganz großen Dichter aus.

Ein ähnliches Fazit findet sich auch in Arendts Essay über Martin Heidegger (1889–1976). Der Text, den sie anlässlich seines 80. Geburtstags verfasste und der nachträglich (also ohne Arendts Wissen) in die deutsche Ausgabe aufgenommen wurde, enthält scharfe Kritik, ist aber letztlich ein Zeugnis ihrer Loyalität dem ehemaligen Lehrer und Liebhaber gegenüber. Öffentlich sah sie ihm zu dieser Gelegenheit den politischen Fehler nach, den er mit der Übernahme des Rektorats der gleichgeschalteten Universität Freiburg im Jahr 1933 gemacht hatte. Auch Heidegger, argumentierte sie, sei ein Kind »finsterer Zeiten« gewesen, weil er Philosophie zu lehren begann, als die meisten Philosophen nicht zwischen einem »gelehrten Gegenstand« und einer »gedachten Sache« unterscheiden konnten und deshalb nichts als staubige Philosophiegeschichte betrieben. Heidegger hingegen sei angetreten, selbst zu denken und auch seine Studenten zum Selbstdenken zu erziehen: »Heidegger denkt nie ›über‹ etwas«, erklärte sie, »er denkt etwas« (MfZ 175). Statt auf die ausgetretenen Wege der Berufsphilosophen habe er sich auf neue Wege, mitunter auch auf »Holzwege« begeben. Die freiwillige Selbstgleichschaltung sei ein solcher Holzweg gewesen, doch habe Heidegger ihn nach zehn Monaten freiwillig verlassen und sei zur Philosophie zurückgekehrt, in der er besser bewandert war als in der Politik. Aus der offenen Kritik, die Arendt in früheren Jahren an Heideggers politischen Fehltritten geübt hatte, wird hier eine verstehende Erklärung.

Die Frage, ob Arendt selbst diesen Text in den Sammelband *Menschen in finsteren Zeiten* aufgenommen hätte, bleibt offen. Es fällt indes auf, dass diese Essaysammlung sowohl von der Spannung zwischen der Autorin und den von ihr beschriebenen Persönlichkeiten als auch von der Spannung zwischen den Protagonisten lebt: Der ständig Missgeschicken ausgesetzte Benjamin steht neben dem allzu erfolgreichen Brecht, der Schlagersänger Robert Gilbert neben W.H. Auden, der nicht nur ein Dichter, sondern ein *großer* Dichter sein wollte und bereit war, jeden Preis dafür zu zahlen. So hätte auch Heidegger, der Holz- und Feldweggänger neben Jaspers, dem Kosmopoliten, seinen Platz gefunden.

Arendt erklärte sich mit den Erfolgreichen ebenso solidarisch wie mit jenen Menschen, denen das Schicksal den Erfolg verwehrt hatte. Alle von ihr porträtierten Menschen behandelte sie als Freunde, mit denen man Meinungen austauschen kann, und als Menschen, die von den Holzwegen abzubringen sie als oberstes Gebot in finsteren Zeiten betrachtete. Sie war bereit, Brecht seinen selbstverschuldeten Sprachverlust und Heidegger die Gleichschaltung nachzusehen, weil sie von Lessing gelernt hatte, um der Freundschaft willen auf die Wahrheit zu pfeifen.

Vita contemplativa: Vom Leben des Geistes

1973 erhielt Hannah Arendt eine Einladung, eine Vorlesung im Rahmen der renommierten »Gifford Lectures« an der University of Aberdeen in Schottland zu halten. Sie nahm die Einladung an und sprach in einer Reihe von Vorträgen über »Das Denken«, im Folgejahr über »Das Wollen«. Im Wintersemester 1974/75 und im darauffolgenden Sommersemester wiederholte Arendt diese Vorlesung an der New Yorker New School for Social Research. Allein der dritte Teil der Vorlesungsreihe – über das Urteilen – konnte nicht mehr gehalten werden: Arendt starb im Oktober 1975, kurz nachdem sie die Arbeit daran aufgenommen hatte.

Die Vorlesungen über das Denken und das Wollen wurden von Mary McCarthy posthum veröffentlicht; zudem gab Ronald Beiner eine Sammlung von Notizen zu Kants *Kritik der Urteilskraft* heraus, die sich in Arendts Nachlass befanden. Diese Publikation kann das Fehlen des dritten Bandes allerdings kaum kompensieren, da es sich bei den darin versammelten Texten nur um fragmentarische Aufzeichnungen handelt.

Das dreibändige Werk *Vom Leben des Geistes* ist als Pendant zu *Vita activa* angelegt, wo Arendt die Tätigkeiten Arbeiten, Herstellen und Handeln untersucht hatte. Den eigentlichen Anstoß, sich mit den geistigen Tätigkeiten zu befassen, gab indes eine Überlegung, die sie im Rahmen des Eichmann-Prozesses angestellt hatte. Noch einmal spitzte sie nun die These zu, Eichmann sei nicht im eigentlichen Sinn böse gewesen, sondern seine Besonderheit (besser: seine besondere Schlechtigkeit) sei die Folge einer durchaus ungewöhnlichen Unfähigkeit zu denken und das eigene Tun zu reflektieren. Immer wieder hatte Arendt sich die Frage gestellt, ob böses Handeln ohne Motiv, ohne Interesse und ohne den »Willen zum Bösen« überhaupt möglich sei. Jetzt stellte sie umgekehrt die Frage, ob das

Denken beziehungsweise das Gewissen als Funktion des Denkens das Böse verhindern könne. (Vgl. LG 1 15)

Arendt beginnt ihre Untersuchung mit einem Rückblick auf die Geschichte des Denkens, das traditionell die Metaphysik zum Gegenstand hatte und stets den Anspruch auf Unabhängigkeit von der sinnlich wahrnehmbaren Welt erhob. Das Denken, so erklärt sie unter Verweis auf Kant, sei eine Funktion der Vernunft und unterscheide sich vom Erkennen als einer Funktion des Verstandes durch seine Unabhängigkeit von subjektiven Sinneseindrücken. Während der Verstand empirisch verifizierbare Erkenntnisse hervorbringe, sei es die Aufgabe der denkenden Vernunft, Sinn zu stiften. (Vgl. LG 1 24 f.)

Dem hält Arendt entgegen, dass das reine Denken als stummes Zwiegespräch des Ich mit sich selbst zwar unabhängig sei von allen partikularen Wahrnehmungen, nicht aber von Wahrnehmungen per se. Auch sei die Existenz des Menschen nicht von dessen körperlicher Erscheinung und der Welt der Sinne zu trennen. Sein und Erscheinen seien identisch, denn jedes Sein setze die Existenz eines Zuschauers voraus, der das Seiende (einen Menschen, ein Tier, einen Gegenstand) wahrnimmt. Mit dieser Annahme besetzt Arendt die Gegenposition zu Descartes' solipsistischem *cogito me cogitare, ergo sum.* Nicht nur verbindet sie das Denken mit dem Körper, sie behauptet zudem, dass Menschen überhaupt nur im Plural existieren können. Eine Existenz, die nicht von anderen wahrgenommen wird, ist für sie keine Existenz. (Vgl. LG 1 29 f.)

Das Sein im Sinne von Erscheinen beginnt mit der Geburt und endet mit dem Tod. Die Welt jedoch, in der jemand oder etwas erscheint, bleibt bestehen und sorgt dadurch für historische Kontinuität. Teil der sinnlich wahrnehmbaren Welt sind wir folglich auch dann, wenn wir uns selbst aus ihr zurückziehen, wenn wir »zufällig geistig tätig sind und unsere körperlichen Augen schließen – so das Platonische Bild –, um die geistigen Augen öffnen zu können« (LG 1 32). Alle Zwei-Welten-Theorien, die im Anschluss an Platon zwischen einer sinnlich wahrnehmbaren und einer vernünftigen Welt unterschieden, seien metaphysische Irrtümer; darum gelte es, die Trennung des Daseins in ein geistiges und ein materielles, in eine Welt der Wahrheit und eine der Wahrnehmung, zu überwinden und einen Seinsbegriff zu konzipieren, der das alte Misstrauen gegenüber dem Sinnlichen, dem Perspektivischen und dem Pluralen der Erscheinungswelt aufhebt, einen Seinsbegriff, dem die Welt nicht nur ein Behälter ist, sondern für den Sein und Weltlichkeit identisch sind.

Zur Begründung dieser These, die eine Umkehrung der traditionellen Hierarchie von Sein und Erscheinung beziehungsweise Ursache und Wirkung beinhaltet, beruft Arendt sich auf den Schweizer Zoologen Adolf Portmann, der nachzuweisen versuchte, dass alle inneren Organe der Tiere nur der Aufrechterhaltung der äußeren Erscheinung dienen und dass der Selbst*darstellungs*trieb der Lebewesen ebenso wichtig sei wie ihr Selbst*erhaltungs*trieb. Damit entwickelte Portmann einen Gegenentwurf zu der in der abendländischen Philosophie bis Kant einhellig vertretenen Position, dass alle Erscheinungen »selbst noch Gründe haben, die nicht Erscheinungen sind«[34]. Noch Kant habe angenommen, dass jede Erscheinung oberflächlich sei, während ihr tieferer Grund den Sinnen nicht zugänglich sei. Diese Annahme gehöre ebenso zu den Irrtümern der Philosophie wie die Vorstellung, es könne überhaupt eine nicht erscheinende Realität geben. Eine solche Annahme kommentiert Arendt voller Ironie: »Wenn das Göttliche das ist, was Erscheinungen verursacht und selbst nicht erscheint, dann könnten sich die inneren Organe des Menschen als seine wahren Götter herausstellen.« (LG 1 51)

Als Ursache dafür, dass die Identifizierung von Sein und Erscheinung sich in der Geschichte des abendländischen Denkens nicht habe durchsetzen können, benennt Arendt die Angst, einem »bloßen« Schein aufzusitzen und das »eigentlich« Seiende zu verkennen. Erst im 20. Jahrhundert sei mit der Entwicklung der Phänomenologie und Existenzphilosophie ein Ausweg aus dem Zwei-Welten-Denken gefunden worden. Während nun Arendts Lehrer Heidegger auf die Identifizierung von Sein und Erscheinung prompt eine neue Differenzierung zwischen »eigentlichem« und »uneigentlichem« Sein folgen ließ, erklärte Arendt, *jeder* Schein gehöre »untrennbar zu einer Welt der Erscheinungen […], der wir niemals entfliehen können« (LG 1 48). Gerade Descartes' Flucht vor dem Zweifel in die vermeintliche Sicherheit des reinen Denkens habe ihn den Bezug zur Welt und zu anderen denkenden und wahrnehmenden Menschen gekostet. Descartes sei deshalb mitverantwortlich für den neuzeitlichen Verlust des *sensus communis* als desjenigen Sinnes, unter dessen Regie aus den einzelnen Wahrnehmungen eine kommunizierbare Welt entstehe.

Denken

Hatte Arendt in den Werken *Elemente und Ursprünge totaler Herrschaft* und *Vita activa* die Folgen des Weltverlusts für das soziale und politische Leben untersucht, so beschrieb sie nun die Folgen für das Denken selbst: Zwar laufe dieses Denken in der Einsamkeit nicht Gefahr, einem bloßen Schein aufzusitzen, doch verabschiede sich der einsame Denker aus einer allen gemeinsamen Welt und damit aus der Welt als solcher. In der Einsamkeit könne der Denker (oder Wissenschaftler) zwar eine Verstandeswahrheit im Sinne des »zwei mal zwei ist vier« finden; einen *Sinn* finde er aber nie in der Abgeschiedenheit, sondern nur im Dialog. Kaum zu übersehen ist hier ein Seitenhieb auf Heidegger, der sich mit zunehmendem Alter immer häufiger auf seine Hütte in Todtnauberg zurückzog und sich damit dem Dialog mit anderen verweigerte.

Wie aber funktioniert Denken ohne Weltverlust? Der Denkende, so Arendt, zieht sich aus der Welt zurück und vergegenwärtigt sich mithilfe des Geistes das, was sinnlich gerade nicht gegenwärtig ist. Unter Ausblendung der Gegenwart macht er Gebrauch von der Einbildungskraft, die Kant als »ein Vermögen der Anschauungen auch ohne Gegenwart des Gegenstandes« bezeichnet hatte.[35] Jedes Denken ist folglich auch Erinnern. Beginnt man, über etwas oder über jemanden nachzudenken, der noch anwesend ist, hat man sich innerlich bereits von ihm zurückgezogen. Der Sinn des Denkens liegt jedoch nicht in der Erinnerung, vielleicht nicht einmal im Verstehen, sondern darin, dass das Denken (wenn auch nicht die Philosophie!) den Menschen auf das Handeln vorbereitet und seine Lebensführung bestimmt. (Vgl. LG 1 155) Das heißt nicht, dass das Denken zu konkreten Anweisungen führt; vielmehr ist es, wie Arendt mit Verweis auf Sokrates erklärt, Aufgabe des Denkens, die Probleme des aktiven Handelns immer wieder auf den Prüfstand zu bringen. Schon Sokrates sei überzeugt gewesen, dass »das Reden und Nachdenken über Frömmigkeit, Gerechtigkeit, Mut und ähnliches die Menschen im allgemeinen frömmer, gerechter, mutiger mache, obwohl ihnen weder Definitionen noch ›Werte‹ vorlagen, die ihr künftiges Verhalten hätten leiten können« (LG 1 171 f.). Eine zentrale Funktion des Denkens sei deshalb die Entwicklung eines Gewissens, mit dessen Hilfe der Mensch Recht von Unrecht unterscheidet, noch bevor er zu handeln beginnt. Damit bestätigt Arendt die in *Eichmann in Jerusalem* angestellte Überlegung, dass ein Verbrechen die Folge des Nicht-Denkens sein und durch den Gebrauch der reflektierenden Urteilskraft verhindert werden kann.

Wollen

Dass das geistige Leben, die Vita contemplativa, einen unmittelbaren Bezug zur Vita activa aufweist, gilt in noch höherem Maße für das Wollen, das Arendt im zweiten Teil ihrer Vorlesungsreihe untersucht. Da sie das Wollen nicht zu den angeborenen und anthropologisch konstanten Fähigkeiten des Menschen zählt, wählt sie einen historischen Zugang zu der Frage nach der Bedeutung des Willens für das geistige Leben. Sie findet ihn in den Schriften der ausgehenden Antike beziehungsweise des frühen christlichen Mittelalters, namentlich im Römerbrief des Paulus und bei Duns Scotus. Dem Apostel Paulus schreibt sie die Entdeckung zu, dass der christliche Glaube eine freiwillige Unterwerfung unter die Gesetze Gottes fordert, eine Unterwerfung, die weder den Griechen noch den Römern noch den Juden ein Begriff gewesen sei: »Das alte Gesetz sagt: du sollst das und das tun; das neue Gesetz sagt: du sollst *wollen*.« (LG 2 66) Unabhängig von Notwendigkeit und Zwang hätten die Menschen fortan den christlichen Glauben annehmen oder ablehnen und dadurch ihr eigenes Selbst und ihre Existenz bestimmen können – auch wenn es sich bei dem Satz »Du sollst wollen« im Grunde um einen paradoxen Imperativ handelte.

Das Problem, dass der christliche Glaube an einen allmächtigen Gott sich nur schwer mit dem Glauben an den freien Willen des Menschen vereinbaren lässt, hat die Geschichte des christlichen Abendlandes bis in die Gegenwart hinein geprägt. Ein großer Teil der Philosophen und Theologen war, so Arendt, unablässig damit beschäftigt, die Möglichkeit eines freien Willens grundsätzlich zu widerlegen, weil sie sich einem unversöhnlichen Konflikt zwischen den Erfahrungen des denkenden und den Erfahrungen des wollenden Ich ausgesetzt sahen. Dies sei umso schlimmer gewesen, als das

Wollen »viel mehr Freiheit zu besitzen [schien] als das Denken, das auch in seiner freiesten, spekulativsten Form dem Gesetz der Widerspruchsfreiheit nicht entgehen kann« (LG 2 11). Naturgemäß sei dies von Philosophen und Theologen nicht als Vorzug, sondern als schwere Belastung empfunden worden.

Eine besondere Bedeutung für den handelnden Menschen gewinnt das Wollen zudem aus dem Umstand, dass es sich – im Unterschied zum Denken als einem Akt der Vergegenwärtigung – stets auf Zukünftiges richtet. Tatsächlich zeichne es sich durch Kontingenz und Willkür aus, denn ein »Wille, der nicht frei ist, wäre ein Widerspruch in sich selbst« (LG 2 17). Alles Handeln (nicht aber das Arbeiten und Herstellen) sei somit ein Akt der Willkür gewesen.

Die Folge war, so Arendt, ein Kampf zwischen dem Wollen und dem Nichtwollen, der nur durch Handlungen entschieden werden konnte und musste. Ebenso wie die Versöhnung zweier Standpunkte das Ende eines Denkprozesses bedeutete, endete auch der Kampf zweier Willen in der Aporie der Versöhnung oder der Ohnmacht, die durch die gegenseitige Behinderung entstand. Paulus' Forderung, der Geist müsse (mithilfe des Willens) den Körper bezwingen, habe in diesem Zusammenhang viel dazu beigetragen, die Zwei-Welten-Theorie weiter zu tradieren. Ihm sei allerdings auch eine umfassende Aufwertung des Willens zu verdanken.

Die Frage, ob der Wille womöglich gar von höherem Rang sei als der Verstand, war mehrere Jahrhunderte später auch Gegenstand einer Auseinandersetzung von Duns Scotus (1265–1308) mit dem Werk von Thomas von Aquin (1224/1225–1274). Während Aquin den Willen als ein ausführendes Organ bezeichnete, das allein zur Umsetzung der vom Verstand erlangten Erkenntnisse diene, behauptete Duns Scotus gerade das Gegenteil: Der Verstand liefere dem Willen Argumente und stehe deshalb in seinem Dienst. Umgekehrt werde ohne die

Bestätigung durch den Willen der Verstand lahmgelegt und handlungsunfähig gemacht. (Vgl. LG 2 120) Dennoch ist der Wille für Duns Scotus nicht vorrangig ein Instrument zur Überwindung der Vernunft, er ermöglicht es vielmehr dem menschlichen Geist, seine eigenen Grenzen und seine absolute Endlichkeit zu transzendieren. Er kann sich, anders als die Vernunft, auch über das Evidente hinwegsetzen und findet seine einzige Grenze in der Negation des Seins an sich. Er kann etwas annehmen oder ablehnen, er kann sich auch weigern, etwas anzunehmen oder abzulehnen, und nach Nietzsche und Heidegger kann er sogar das Nichtwollen wollen: Er ist deshalb die eigentliche Instanz der Freiheit.

Eine andere Wendung nimmt die Untersuchung des Willens bei Hegel (1770–1831). Hier ist das Wollen entscheidend für die Konstitution eines jeden Individuums, weil es sich auf die Zukunft richtet, die Hegel – entgegen der verbreiteten Annahme, er sei ein Philosoph der Vergangenheit – als die für den Menschen wichtigste Zeitdimension bezeichnete: Der Mensch, paraphrasiert Arendt, »ist nicht bloß zeitlich; er *ist* die Zeit« (LG 2 45). Selbst die Vergangenheit werde bei Hegel durch die Zukunft geschaffen – in der Weise, dass »das unmittelbare Ich-werde-sein zu einem Ich-werde-gewesen-sein geworden ist« (LG 2 45). Diese Fixierung auf die Zukunft lasse den Menschen seine eigene Vergangenheit zugunsten einer anderen Vergangenheit vergessen, die selbst noch in der Zukunft liegt und dem Willen noch unterworfen werden kann.

Hatte Paulus eher das Wahlvermögen betont beziehungsweise die Fähigkeit, sich unabhängig von der Vernunft für eine von mehreren Handlungsoptionen zu entscheiden, so stieg mit dem Anbruch der Moderne die Bedeutung der Spontaneität als »Vermögen, eine Reihe in der Zeit ganz von selbst anzufangen« (Kant).[36]

Schließlich gibt es eine dritte Herangehensweise, für die Nietzsche und Heidegger stehen. Für Nietzsche (1844–1900) ist es der »Wille zur Macht«, der an sich selbst scheitert, da er nicht zurückwollen kann. Weil aber, so Arendt, der Wille zur Demut ebenso mächtig sei wie der Wille zur Macht, ende Nietzsche in einer unauflösbaren Aporie, aus der er sich in den Gedanken von der »ewigen Wiederkunft« flüchtete. (Vgl. LG 2 160 f.) Doch während Nietzsche meinte, lieber wolle »der Mensch das Nichts wollen als nicht wollen«[37], habe Heidegger – bei der Nietzsche-Lektüre – den Willen zum Nicht-Wollen als einzige Möglichkeit entdeckt, dem Geschäft des Denkens jenseits der Kategorien von Ursache und Wirkung, von Vergangenheit und Zukunft nachgehen zu können. Ein solches Denken unterliege, so Arendt, einer Seinsgeschichte, die ein wenig an Kants List der Natur oder an Hegels Weltgeist erinnere – zumal auch bei Heidegger Denken und Handeln »in eins fallen« (LG 2 172).

Arendt selbst setzt einen deutlichen Schwerpunkt auf den Aspekt der Spontaneität, der ihrer Ansicht nach das Wesen des Wollens und auch des Handelns als einer unmittelbaren Folge des Wollens bestimmt. Sie greift damit eine Überlegung wieder auf, die sie seit der Niederschrift eines neuen Schlusskapitels für *Elemente und Ursprünge totaler Herrschaft* im Jahr 1958 immer wieder formuliert hatte. Noch einmal beruft sie sich auf den Augustinischen Satz, dass der Mensch geschaffen wurde, »damit ein Anfang sei«[38], und leitet daraus ab, dass Menschen qua Geburt zur Freiheit verurteilt sind, ganz gleich, »ob wir nun die Freiheit lieben oder ihre Willkür verabscheuen, ob sie uns ›paßt‹ oder wir uns lieber ihrer furchtbaren Verantwortung entziehen, indem wir uns einer Form des Fatalismus zuwenden« (LG 2 207). Das bedeutet, dass jeder Mensch tun kann, was er will, dass er aber nicht nichts tun kann. Jeder Mensch wird in eine von Menschen bewohnte Welt hineingeboren und muss lernen, sich zu ihnen in Beziehung zu setzen. Selbst der Philosoph, der sich in die Einsamkeit des Denkens zurückzieht, bleibt Teil einer gemeinsamen Welt, die er sprechend und handelnd gestaltet – auch wenn ihm und den anderen, wie im Fall Heidegger, dadurch großer Schaden entsteht; denn die Dinge, die im öffentlichen Raum verhandelt werden, sind häufig weit entfernt von den Fragen, mit denen der Denker sich beschäftigt.

In der Überlegung, dass allem Handeln ein Wollen vorausgeht, liegt die politische Sprengkraft des Arendtschen Spätwerks, das alles andere als »reine Philosophie« ist. Hatte Arendt im ersten Teil bereits auf die zentrale Bedeutung des Denkens für die Entstehung des Gewissens (beziehungsweise die fatalen Folgen des Nichtdenkens in der Geschichte des Nationalsozialismus) hingewiesen, so machte sie im zweiten Band noch einmal klar, welchen Stellenwert das Wollen, das im Gegensatz zum Denken und Urteilen willkürlicher Natur ist, für das Handeln im öffentlichen Raum hat: Jeder politische Wille trifft auf andere politische Willen, die entweder mit Gewalt oder mithilfe der Überzeugungskraft überwunden werden. Ganz deutlich tritt hier einmal mehr die Grundfrage nach dem Verhältnis von Politik und Philosophie zutage. In ihrem Spätwerk reflektiert sie diese weniger auf einer allgemeinen Ebene; vielmehr fragt sie nach dem jeweils spezifischen Verhältnis des Denkens, des Wollens und des Urteilens zum Handeln. Indem sie die Funktionen des Geistes daraufhin überprüft, welche Bedeutung ihnen in einer pluralen Welt, in einer Welt des Handelns und der Kommunikation zukommt, versucht sie, die Aporien einer Philosophie ohne Weltbezug zu überwinden und den Weg zu weisen für eine politische Philosophie, die ihrerseits nicht an den Grenzen des Geistes stehen bleibt. Dabei spielt schließlich die dritte der geistigen Tätigkeiten, das Urteilen, eine entscheidende Rolle.

Urteilen

In Anlehnung an Kant unterscheidet Arendt zwischen der bestimmenden Urteilskraft, die vom Allgemeinen auf das Besondere schließt, und der reflektierenden Urteilskraft, die vom Besonderen auf das Allgemeine schließt – und deren Abwesenheit Kant als eigentliche und unheilbare Dummheit bezeichnete. (Vgl. LG 1 75) Voraussetzung für das Urteilen wie für das Denken ist der zeitlich begrenzte Rückzug aus der Welt, ein Rückzug von Positionen, die mit einem bestimmten Engagement, mit Parteilichkeit und Interesse verbunden sind. Zwar folgt ein Urteil nicht zwangsläufig aus dem Denken, doch geht ihm das Denken voraus, insofern es die den Sinnen gegebenen Phänomene für die Urteilskraft aufbereitet und sie ihr vergegenwärtigt.

Während sich das Wollen auf die Zukunft richtet, befindet das Urteilen über Vergangenes. Es ist ebenso unparteiisch wie intersubjektiv und muss, in den Worten Kants, eine umfassendere Denkungsart anschlagen als das Denken oder Wollen, eine »erweiterte Denkungsart«, die nicht nur von den eigenen, sondern von allen individuellen Bedingungen abstrahiert. (Vgl. LG 2 Anhang 210 f.) Die Gültigkeit eines Urteils ist abhängig von der Präsenz der anderen: Davon hatte Kant, so Arendt, »mehr als eine Ahnung, wenn er unter den ›Maximen des gesunden Menschenverstands‹, also des Gemeinsinns, neben dem Selbstdenken und dem ›mit sich selbst einstimmig denken‹ setzt: ›An der Stelle jedes anderen denken.‹«[39] Das Instrument dieser erweiterten Denkungsart ist nicht die Vernunft, es ist vielmehr die Einbildungskraft, mit der jeder Mensch sich in einen anderen hineinversetzen und sich dessen Sicht der Dinge aneignen kann.

Im Zentrum der *Kritik der Urteilskraft* stand für Kant die Frage nach der Möglichkeit der Allgemeingültigkeit von (Geschmacks-)Urteilen. Da sich Geschmacksurteile weder aus einer allgemeinen Aussage deduzieren noch aus einzelnen Aussagen induzieren lassen, entziehen sie sich jeder Logik und lassen sich, so Kant, nur durch Übung gewinnen. (Vgl. LG 2 Anhang 211) Als problematisch erweise sich dabei, dass selbst der gesunde Menschenverstand und die Fähigkeit, Recht von Unrecht zu unterscheiden, vom Geschmackssinn abhängig seien. Doch nur wenn es gelinge, das Urteil vom unmittelbaren Gefallen im Augenblick der Wahrnehmung zu lösen, könne es einen Anspruch auf Allgemeingültigkeit erheben. Selbst zu den eigenen Geschmacksempfindungen könne man sich positiv oder negativ stellen, man könne sie billigen oder missbilligen – doch sei dies stets ein nachfolgendes Urteil, das ohne den Gemeinsinn nicht zustande kommen kann. (Vgl. LG 2 Anhang 220) Ohne eine solche Urteilsbildung sei es zwar möglich, den eigenen Willen durchzusetzen, nicht aber, die öffentlichen Angelegenheiten in einem kommunikativen Prozess zu regeln oder andere von der eigenen Sichtweise zu überzeugen.

Arendt zog gerade Kant immer wieder als Autorität in Fragen der Urteilskraft heran, weil sie ihn für den einzigen modernen Philosophen hielt, der einen ausgeprägten Sinn für das Politische hatte. Er allein erkannte, so Arendt, dass die Menschheit nicht lediglich eine Multiplikation des Individuums mit einem beliebigen Faktor x sei, sondern dass Pluralität und die Möglichkeit einer »erweiterten Denkungsart« zu den Grundbedingungen menschlichen Lebens gehören. (LG 3 49 f.) Daraus habe er abgeleitet, dass es in Fragen der Philosophie keine Wahrheit geben könne, die den mathematischen Wahrheiten vergleichbar sei.

Pluralität sei kein rein formaler Faktor, denn bereits die Wahl der Personen, mit denen wir unsere Angelegenheiten kommunizieren, sei Folge eines Geschmacksurteils: »Indem man seine Gefühle mitteilt, seine Freude und uninteressierte Lust, gibt man seine *Entscheidungen* kund und wählt sich seine Gesellschaft.« (LG 2 Anhang 223) Sie jedenfalls, erklärte Arendt, wolle »lieber mit Platon unrecht als mit den Pythagoreern recht haben«. Damit verweist sie noch einmal auf einen Gedanken, den sie bereits in ihrer Rede über Lessing formuliert hatte: dass nämlich Freundschaft – als Folge eines Geschmacksurteils – wichtiger sei als das Festhalten an einer vermeintlichen Wahrheit, die es im zwischenmenschlichen Bereich ohnehin nicht geben könne.

Anstelle eines Nachworts:

Denken und Handeln in finsteren Zeiten

Bis heute gibt es keine Arendt-Forschung in dem Sinn, wie es eine Heidegger-Forschung in der Philosophie oder eine Schiller-Forschung in der Germanistik gibt. Auch wenn sich Ansätze einer Kanonisierung entdecken lassen (unter anderem die Einrichtung eines Hannah-Arendt-Zentrums an der Universität Oldenburg sowie die Begründung des Hannah-Arendt-Newsletters und der Hannah-Arendt-Studien), ist es doch bisher nicht zu einer Schulbildung gekommen. Vielmehr finden sich Spuren unterschiedlichster Arendt-Lektüren bei Vertretern verschiedener sozial- und geisteswissenschaftlicher Disziplinen: in der politischen Theorie, der Philosophie, der Soziologie, der Literaturwissenschaft sowie der Kultur- und Geschichtswissenschaft. Einerseits droht so das Arendtsche Werk zum Steinbruch zu werden, aus dem sich ein jeder das herausgreift, was ihm gefällt; andererseits werden durch eine solche Rezeption gerade diejenigen Züge Arendtschen Denkens gestärkt, die sie als unabhängige und originelle Denkerin auszeichnen.

Folgerichtig wurde die einst wegen ihrer Totalitarismustheorie als Antikommunistin etikettierte Philosophin nach dem Fall der Berliner Mauer nicht nur rehabilitiert, sondern zur Ikone unabhängigen Denkens befördert. Ihre Kritik an der Sowjetunion gereichte ihr fortan zum Vorteil, zumal es sich mit Arendt ebenso gut gegen Kommunisten wie gegen Antikommunisten, gegen Nationalisten, Rassisten und ganz gewöhnliche Spießer argumentiert. Kaum einer, der über Arendt schreibt, kann sich dabei gänzlich dem Vorwurf der illegitimen Anverwandlung entziehen. Allein der selbstironische Blick auf das eigene Tun bewahrt, wie Sebastian Hefti bemerkte,[40] davor, den Trend zur Kanonisierung weiterzutreiben.

Ein untrügliches Gespür für die dringenden Fragen der Gegenwart und ein stets sicher anmutendes Urteil lassen Arendts Werk heute noch aktuell erscheinen. Dabei sind es sowohl die Unabhängigkeit des Denkens als auch die Konsequenz, mit der sie sich auf reale Erfahrungen und Ereignisse bezog, die Arendt trotz der mangelnden Systematik des Gesamtwerks als Kronzeugin für das ganze 20. Jahrhundert auszeichnen. Ihre Biografie ist paradigmatisch für eine Generation von Emigranten, die »von ihren Feinden in Konzentrationslager und von ihren Freunden in Internierungslager« gesteckt wurden.[41] Indem sie ihre Erfahrungen mit dem Scheitern der Assimilation in Deutschland, mit Nationalsozialismus und Emigration, mit Kommunismus, Antikommunismus, Zionismus und Antizionismus in ihre wissenschaftlichen Arbeiten einbezog, wies sie den Weg für ein Denken, das weder die Abgeschiedenheit des Philosophen sucht noch die historischen Ereignisse einer vermeintlichen Kontinuität und Kausalität einverleibt.

Die Wiederversöhnung von Politik und Philosophie, von Sein und Erscheinung, von Denken und Handeln gehörte zu den großen Projekten, deren ganzes Ausmaß Arendt nach und nach erst zu Bewusstsein kam. Immer häufiger stieß sie sich daran, dass die Einheit von Denken und Handeln mit dem Urteil gegen Sokrates auseinandergefallen war, so dass die ganze abendländische Menschheit mehr als zweitausend Jahre lang in dem Irrtum verharrte, Politik sei nicht wahrheitsfähig und Philosophie nicht Gegenstand einer pluralen Welt. Dabei vereinte sie Elemente der Phänomenologie Husserlscher und Heideggerscher Provenienz mit Elementen der Existenzphilosophie und einer politischen Theorie, die im wesentlichen eine Theorie des kommunikativen und des performativen Handelns ist.

Selbst unter den Bedingungen des totalitären Terrors, betonte sie, sei es grundsätzlich möglich, denkend und handelnd einen Neuanfang zu setzen und der Tyrannei des ideologischen Schlussfolgerns zu entkommen. Mitunter wurde sie aber auch von Zweifeln erfasst, ob die moderne Welt nicht doch eine Welt sei, in der die Besinnung auf die Qualitäten des gesunden Menschenverstandes, auf den Gemeinsinn als denjenigen Sinn, der das Funktionieren politischen Austauschs ermöglicht, längst obsolet geworden sei. Umso dringlicher forderte sie die Philosophen auf, der Pluralität menschlichen Lebens in ihrem Denken Rechnung zu tragen und das Nachdenken über die politischen Angelegenheiten nicht allein Politikern und Politikwissenschaftlern zu überlassen: »If philosophers, despite their necessary estrangement from the everyday life of human affairs, were ever to arrive at a true political philosophy they would have to make the plurality of man, out of which arises the whole realm of human affairs – in its grandeur and misery – the object of their *thaumadzein* [Staunen].«[42] (Auf Deutsch: Sollten die Philosophen, ihrer notwendigen Entfremdung von den Dingen des täglichen Lebens zum Trotz, je zu einer wahren politischen Philosophie gelangen, so müssten sie die Pluralität, der im Guten wie im Schlechten das ganze Reich der zwischenmenschlichen Angelegenheiten entspringt, zum Gegenstand ihres Staunens *[thaumadzein]* machen.)

Anmerkungen

1 Ernest Gellner, From Königsberg to Manhattan (or Hannah, Rahel, Martin and Elfride or Thy Neighbours *Gemeinschaft*), in: ders., Culture, Identity, and Politics, London / New York 1987, S. 75–90, hier S. 75.

2 Hannah Arendt, Was bleibt? Es bleibt die Muttersprache, Interview mit Hannah Arendt, in: Günter Gaus (Hg.), Zur Person. Portraits in Frage und Antwort, München 1964, S. 15–32, hier S. 21.

3 Hannah Arendt, Martin Heidegger ist achtzig Jahre alt, in: dies.: Menschen in finsteren Zeiten, hg. von Ursula Ludz, München 1989, S. 172–184, hier S. 174 f.; vgl. Martin Heidegger, Aus der Erfahrung des Denkens, Pfullingen 1954, S. 9.

4 Deutsch: Elisabeth Young-Bruehl, Hannah Arendt. Leben, Werk und Zeit, Frankfurt a. M. 1986.

5 Hannah Arendt, Was bleibt?, a. a. O., S. 22 f.

6 Teile der Vorlesung wurden posthum veröffentlicht als: Philosophy and Politics, in: Social Research 57 (1990) 1, S. 73–103.

7 Lotte Köhler und Hans Saner (Hg.), Hannah Arendt – Karl Jaspers Briefwechsel 1926–1969, München 1985; Carol Brightman (Hg.), Between Friends. The Correspondence of Hannah Arendt and Mary McCarthy, New York 1995 (dt.: Im Vertrauen: Briefwechsel 1949–1975, München/Zürich 1995); Ingeborg Nordmann und Iris Pilling (Hg.), ... in keinem Besitz verwurzelt: Hannah Arendt – Kurt Blumenfeld. Die Korrespondenz, Berlin 1995; Lotte Köhler (Hg.), Hannah Arendt – Heinrich Blücher. Briefe 1938–1968, München 1996; Paul Michael Lützeler (Hg.), Hannah Arendt – Hermann Broch. Briefwechsel 1946–1951, Frankfurt a. M. 1996; Eberhard Fahlke und Thomas Wild (Hg.), Hannah Arendt – Uwe Johnson. Der Briefwechsel 1967–1975, Frankfurt a. M. 2004. Detlev Schöttker und Erdmut Wizisla (Hg.), Arendt und Benjamin: Texte, Briefe, Dokumente, Frankfurt a. M. 2006; Ursula Ludz und Thomas Wildt (Hg.), Hannah Arendt – Joachim Fest. Eichmann war von empörender Dummheit. Gespräche und Briefe, München 2011; Marie-Luise Knott und David Heredia (Hg.), Hannah Arendt – Gershom Scholem. Der Briefwechsel, Berlin 2010; Ingeborg Nordmann (Hg.),

Wahrheit gibt es nur zu zweien: Briefe an die Freunde, München 2013. Aufgrund der zahlreichen Kommentare zum zeithistorischen Geschehen ragt der Jaspers-Briefwechsel unter allen Korrespondenzen deutlich heraus. Er lässt ahnen, welch tiefe Freundschaft Arendt mit ihrem ehemaligen Lehrer und dessen Frau Gertrud Jaspers verband.

8 Vgl. auch: Hannah Arendt, Rahel Varnhagen. Zum 100.Todestag, in: Kölnische Zeitung (1933) Nr.131, 7. 3. 1933.

9 Das Leo-Baeck-Institut mit drei Arbeitsstellen in New York, London und Jerusalem widmet sich der Erforschung der Geschichte des deutschen Judentums.

10 Die Formulierung »Band der Blutsverwandtschaft« entlehnt Arendt einem Aufsatz von Josef Görres aus dem *Rheinischen Merkur* (Nr. 25, 1814).

11 Franz Neumann, Behemoth: Struktur und Praxis des Nationalsozialismus 1933–1944, Köln 1977; Carl Joachim Friedrich, Totalitäre Diktatur, Stuttgart 1957; Eugen Kogon, Der SS-Staat. Das System der deutschen Konzentrationslager, Frankfurt a. M. 1959.

12 Karl Jaspers, Geleitwort zur deutschen Ausgabe der *Elemente und Ursprünge totaler Herrschaft*, hier die Ausgabe München 1986, S. 9–11, hier S. 10.

13 Arendt macht dabei keinen Unterschied zwischen grundsätzlich positiven Zielen wie der Einrichtung einer klassenlosen und deshalb gerechteren Gesellschaft und negativen Zielen wie der rassistisch begründeten Ausgrenzung und Tötung von Minderheiten. In dem Moment, in dem das Ziel totalitäre Methoden rechtfertigt, wird seine inhaltliche Begründung bedeutungslos.

14 Hannah Arendt, Project: Totalitarian Elements in Marxism, Library of Congress, Cont. 68, Dok.-Nr. 12649 f.

15 Vgl. Hannah Arendt, Die jüdische Armee. Der Beginn einer jüdischen Politik?, in: Der Aufbau, 14. 11. 1941, wieder abgedruckt in: Hannah Arendt, Die Krise des Zionismus. Essays und Kommentare 2, hg. von Eike Geisel und Klaus Bittermann, Berlin 1989, S. 167–170.

16 Arendts Text einschließlich einer Vorbemerkung, die sie anlässlich der Veröffentlichung in *Dissent* (Heft 6.1, Winter 1959, S. 45–56) schrieb, und einer Entgegnung auf zwei Kritiken, die in derselben

Ausgabe von *Dissent* erschienen waren, ist abgedruckt in: Hannah Arendt, Zur Zeit. Politische Essays, hg. von Marie Luise Knodt, München 1989, S. 95–117. Eine Zusammenfassung der Argumente des Kritikers David Spitz findet sich in den sehr nützlichen Anmerkungen zum Text auf S. 191–194.

17 Hier zit. nach EJ 174; Arendt verweist auf Hans Frank, Die Technik des Staates, Berlin 1942, S. 15 f.

18 Hannah Arendt und Gershom Scholem, Ein Briefwechsel über Hannah Arendts Buch »Eichmann in Jerusalem«, Neue Zürcher Zeitung vom 20.10.1965, S. 5; abgedruckt in: Friedrich A. Krummacher (Hg.), Die Kontroverse. Hannah Arendt, Eichmann und die Juden, München 1964, S. 207–212.

19 Vgl. Elisabeth Young-Bruehl, Hannah Arendt. Leben, Werk und Zeit, a. a. O., S. 477.

20 Vgl. ebenda, S. 477–518.

21 Gary Smith, Einsicht aus falscher Distanz, in: ders. (Hg.), Hannah Arendt Revisited. »Eichmann in Jerusalem« und die Folgen, Frankfurt a. M. 2000, S. 7–13, hier S. 7.

22 Vgl. Hannah Arendt und Gershom Scholem, Ein Briefwechsel über Hannah Arendts Buch »Eichmann in Jerusalem«, a. a. O.

23 Hans Mommsen, Hannah Arendt und der Prozeß gegen Adolf Eichmann, in: Hannah Arendt, Eichmann in Jerusalem, München 1986, S. I–XXXVII, hier S. VI.

24 Hannah Arendt an Karl Jaspers, 16.11.1958 (Briefwechsel, a. a. O., S. 393).

25 Eric J. Hobsbawm, Review of »On Revolution«. By Hannah Arendt, New York / London 1963, in: History and Theory 4 (1965), S. 252–258, hier S. 255.

26 Vgl. Hannah Arendt an Karl Jaspers, 1.1.1933; Karl Jaspers an Hannah Arendt, 3.1.1933 und Hannah Arendt an Karl Jaspers, 6.1.1933 (Briefwechsel, a. a. O., S. 52–55).

27 Heinrich Blücher an Hannah Arendt, [15.7.] 1946 (Briefe, a. a. O., S. 146 f.).

28 Hannah Arendt, Was bleibt?, a. a. O., S. 22 f.

29 Hannah Arendt an Heinrich Blücher, 15.4.1961 (Briefwechsel, a. a. O., S. 519).

30 Hannah Arendt, Eichmann in Jerusalem, a. a. O., S. 298 f.

31 Bertolt Brecht, An die Nachgeborenen, in: Gesammelte Gedichte II, 3. Auflage, Frankfurt a. M. 1981, S. 722–725; vgl. Hannah Arendt, Menschen in finsteren Zeiten, S. 261 f.

32 Gotthold Ephraim Lessing an Johann Albert Heinrich Reimarus, 6. 4. 1778, in: Gotthold Ephraim Lessing, Sämtliche Schriften, hg. von Karl Lachmann, 3. Aufl., Stuttgart u. a. 1886–1924, Bd. 18, S. 269.

33 Tania Blixen in dem geplanten Roman *Albondocani*, in: The Paris Review, Herbst 1956, S. 59 (zit. nach: Hannah Arendt, Menschen in finsteren Zeiten, a. a. O., S. 115 f.).

34 Immanuel Kant, Kritik der reinen Vernunft, B 565; hier zit. nach LG 1 34.

35 Immanuel Kant, Anthropologie in pragmatischer Hinsicht, § 28, hier zit. nach LG 1 82.

36 Immanuel Kant, Kritik der reinen Vernunft, B 478, hier zit. nach LG 2 150.

37 Friedrich Nietzsche, Genealogie der Moral, 3. Abhandlung, Nr. 28, hier zit. nach LG 2 157.

38 Augustinus, Der Gottesstaat 12, Kap. 20, hier zit. nach LG 2, S. 206.

39 Hannah Arendt, Denktagebuch, hg. von Ursula Ludz und Ingeborg Nordmann, 2 Bde., München/Zürich 2002, Bd. 1: 1950–1973, S. 570.

40 So geschehen im Rahmen der Tagung »Dichterisch Denken. Hannah Arendt und die Künste«, die vom 5. bis 8. Mai 2005 im Literarischen Colloquium Berlin stattfand.

41 Zit. nach: Elisabeth Young-Bruehl, Hannah Arendt, a. a. O., S. 223. Young-Bruehl zitiert nach eigener Angabe wiederum das Gaus-Interview. Im Text der Buchausgabe findet sich diese Stelle jedoch nicht.

42 Hannah Arendt, Philosophy and Politics, a. a. O., S. 102 f.

Kommentierte Bibliografie

Steven Aschheim (Hg.), Hannah Arendt in Jerusalem, Berkeley 2001.

Enthält Beiträge zahlreicher renommierter Arendt-Forscher, die auf der gleichnamigen Tagung in Jerusalem 1997 vorgetragen wurden. Bietet einen guten Überblick über verschiedene Bereiche der Arendt-Forschung.

Dirk Auer, Lars Rensmann und Julia Schulze Wessel (Hg.), Arendt und Adorno, Frankfurt a. M. 2003.

Dies ist der erste Sammelband, in dem Aufsätze über das schwierige Verhältnis Arendts zu Adorno und zur Frankfurter Schule versammelt sind.

Dagmar Barnouw, Visible Spaces. Hannah Arendt and the German-Jewish Experience, Baltimore 1990.

Barnouw stellt Arendts Leben und Werk in den Kontext der deutsch-jüdischen Geschichte des frühen 20.Jahrhunderts und zeigt, wie sehr diese in der deutschen Kultur, Literatur und Philosophie verwurzelt war.

Seyla Benhabib, The Reluctant Modernism of Hannah Arendt, Thousand Oaks / London / Neu-Delhi 1996.

Benhabib analysiert das Verhältnis von Modernismus und Antikensehnsucht in Arendts Werk und kommt zu dem Ergebnis, dass Arendt einen »zögerlichen« Modernismus vertritt; dabei lehnt sich Benhabib unter anderem an die Arendt-Rezeption von Jürgen Habermas an.

Richard Bernstein, Hannah Arendt and the Jewish Question, Oxford 1996.

Richard Bernstein hat als erster eine umfassende Untersuchung über Arendts Verhältnis zum Judentum, zum Zionismus und zum Staat Israel vorgelegt, in die sowohl die frühen Schriften als auch der umstrittene Prozessbericht über *Eichmann in Jerusalem* einbezogen werden.

Dorlis Blume, Monika Boll, Raphael Gross (Hg.), Hannah Arendt und das 20. Jahrhundert, München 2020.

Claudia Christophersen, »… es ist mit dem Leben etwas gemeint«. Mit einer Edition des Briefwechsels zwischen Hannah Arendt und Klaus Piper über Rahel Varnhagen, Königstein/Taunus 2002.

Eine umfassende Analyse und Interpretation von Arendts Biografie der Rahel Varnhagen, die auch deren komplizierte Entstehungs- und Editionsgeschichte sowie die Bezüge zu Arendts eigener Biografie berücksichtigt.

Ernest Gellner, From Königsberg to Manhattan (or Hannah, Rahel, Martin and Elfride or Thy Neighbours *Gemeinschaft*), in: ders., Culture, Identity, and Politics, London / New York 1987.

Gellner analysiert in seinem brillanten Aufsatz das schwierige Verhältnis Arendts zu ihrem Lehrer und Liebhaber Martin Heidegger; dabei verweist er auf die historischen Bedingungen und die Parallelen zwischen Biografien Arendts und Rahel Varnhagens ebenso wie auf die Absurdität des Dreiecksverhältnisses zwischen Arendt, Heidegger und dessen nationalistisch gesinnter Frau Elfride.

Kathryn T. Gines, Hannah Arendt and the Negro Question, Bloomington (IN) 2014.

Barbara Hahn, Anne Eusterschulte, Eva Geulen, Hermann Kappelhoff, Patchen Markell, Thomas Wild und Annette Vowinckel (Hg.), Kritische Gesamtausgabe, Göttingen 2018 ff. (online: https://hannah-arendt-edition.net/home).

Klaus Harms, Hannah Arendt und Hans Jonas: Grundlagen der Weltverantwortung, Berlin 2003.

Dies ist die erste Monografie, in der Arendts Beziehung zu dem Theologen Hans Jonas systematisch untersucht wird.

Wolfgang Heuer, Citizen. Persönliche Integrität und politisches Handeln, Berlin 1992.

Eine sehr anregende Untersuchung des Verhältnisses von Politik und Ethik in Arendts Werk, wobei die Entwicklung und Pflege von Bürgertugenden und Zivilcourage eine herausragende Stellung einnimmt.

Wolfgang Heuer, Bernd Heiter, Stefanie Rosenmüller (Hg.), Arendt-Handbuch: Leben – Werk – Wirkung, Stuttgart/Weimar 2011.

Das Arendt-Handbuch ist ein umfassendes Nachschlagewerk, in dem Einträge zu verschiedenen Themen und Stichworten versammelt sind.

Rahel Jaeggi, Wie weiter mit Hannah Arendt?, Hamburg 2008.

Rahel Jaeggis Beitrag zu der vom Hamburger Institut für Sozialforschung herausgegebenen Reihe »Wie weiter mit?«, in der es weniger um Werkanalysen als vielmehr um die Frage geht, wie sich die Ideen verschiedener Denker und Denkerinnen weiterentwickeln lassen.

Friedrich A. Krummacher (Hg.), Die Kontroverse. Hannah Arendt, Eichmann und die Juden, München 1964.

Diese kurz nach dem Abebben der Eichmann-Kontroverse herausgegebene Sammlung enthält eine Reihe von Stellungnahmen für beziehungsweise eher gegen Hannah Arendt, die heute als aufschlussreiche zeithistorische Quellen gelesen werden können.

Larry May und Jerome Kohn (Hg.), Hannah Arendt. Twenty Years Later, Cambridge (MA) / London 1996.

Enthält eine Bestandsaufnahme vor allem der amerikanischen Arendt-Forschung Mitte der neunziger Jahre und Beiträge zu vielen unterschiedlichen Aspekten des Arendtschen Werks.

Thomas Meyer, Hannah Arendt. Die Biografie, München 2023.

– (Hg.), Studienausgabe, München 2023 (online: https://www.piper.de/buecher/elemente-und-urspruenge-totaler-herrschaft-isbn-978-3-492-31709-2).

Bernd Neumann, Hannah Arendt und Heinrich Blücher. Ein deutsch-jüdisches Gespräch, Berlin 1998.

Die bisher einzige Monografie über das Ehepaar Arendt / Blücher, das von Freunden gern »Doppelmonarchie« genannt wurde. Untersucht den Einfluss Blüchers, der selbst kein Talent zum Schreiben hatte, auf seine Frau.

Gary Raymond Olsen, The Effort to Escape from Temporal Consciousness as Expressed in the Thought and Work of Hermann Hesse, Hannah Arendt and Karl Loewith, Dissertation, University of Arizona 1973.

Eine leider wenig beachtete Dissertation über das Verhältnis von Zeit und Raum, von Sehen und Hören in Arendts Werk. Olsen zieht interessante Parallelen zwischen Arendts Schriften und denen von Hermann Hesse und Karl Löwith.

Lothar Probst und Winfried Thaa (Hg.), Die Entdeckung der Freiheit: Amerika im Denken Hannah Arendts, Berlin 2003.

In diesem anregenden Sammelband wird erstmals in großer Breite das Verhältnis Arendts zu den Vereinigten Staaten untersucht, das in vielen ihrer Monografien und ihrer Stellungnahmen zu aktuellen politischen Entwicklungen eine große Rolle spielt.

Juliane Rebentisch, Der Streit um Pluralität. Auseinandersetzungen mit Hannah Arendt, Berlin 2022.

Paul Ricœur, Action, Story, and History – On Rereading The Human Condition, in: Reuben Garner (Hg.), The Realm of Humanitas: Responses to the Writings of Hannah Arendt, New York / Bern / Frankfurt a. M. / Paris 1989, S. 149–164.

Ricœurs Aufsatz ist einer der wenigen Texte, in denen Arendts Geschichtsbegriff beziehungsweise der von ihr konstruierte Zusammenhang zwischen Handeln und Geschichte systematisch untersucht wird.

Gary Smith (Hg.), Hannah Arendt Revisited: »Eichmann in Jerusalem« und die Folgen, Frankfurt a. M. 2000.

In diesem zur Jahrtausendwende veröffentlichten Sammelband wird die Eichmann-Kontroverse mit großem historischem Abstand, teilweise (zum Beispiel von Raul Hilberg) mit viel persönlichem Engagement noch einmal neu aufgerollt.

Kurt Sontheimer, Hannah Arendt. Der Weg einer großen Denkerin, München/Zürich 2006.

Eine durchaus persönliche Einführung in das Werk Hannah Arendts und das letzte Buch aus der Feder des 2005 verstorbenen Politikwissenschaftlers Kurt Sontheimer.

Dana R. Villa, Arendt and Heidegger: The Fate of the Political, Princeton 1995.

Dieses Buch enthält die bisher umfassendste Untersuchung der philosophischen Bezüge zu Heidegger in Arendts Werk, wobei die persönliche Beziehung allenfalls eine untergeordnete Rolle spielt.

Ernst Vollrath, Hannah Arendt und Martin Heidegger, in: Annemarie Gethmann-Siefert und Otto Pöggeler (Hg.), Heidegger und die praktische Philosophie, Frankfurt a. M. 1989, S. 357–372.

Dieser Aufsatz fokussiert die Passagen in Arendts Schriften, in denen sie sich auf Heidegger bezieht oder dessen Gedanken in einem anderen Kontext weiterentwickelt.

Elisabeth Young-Bruehl, Hannah Arendt. Leben, Werk und Zeit, Frankfurt a. M. 1986.

Young-Bruehl hat mit diesem Werk die Standardbiografie vorgelegt, die detaillierte Beschreibungen der Werke Arendts enthält, sehr gut lesbar ist und einen Einblick in die Absurdität einer deutsch-jüdischen Flüchtlingsbiografie im 20. Jahrhundert gibt.

Nachlässe

1. Den größten Teil des Nachlasses bilden die Hannah Arendt Papers in der Handschriftenabteilung der Library of Congress in Washington, D.C. Ein Verzeichnis der darin enthaltenen Materialien und ein Teil der Dokumente sind über die Homepage der Library of Congress / Manuscript Division einsehbar.

Postanschrift: Manuscript Division
Library of Congress
101 Independence Avenue, SE
Washington, D.C. 20540–4680

Homepage:
http://memory.loc.gov/ammem/arendthtml/arendthome.html
Kopien des gesamten Bestandes befinden sich im Hannah-Arendt-Zentrum der Universität Oldenburg und am Hannah Arendt Center der New Yorker New School for Social Research (vgl. Institutionen).

2. Ein Teilnachlass befindet sich in der Bibliothek der University of Memphis, Tennessee; auch hiervon gibt es Kopien im Hannah-Arendt-Zentrum der Universität Oldenburg.

3. Die Korrespondenz mit Martin Heidegger und die Denktagebücher mit Ausnahme des ersten Hefts, das in der Library of Congress liegt, befinden sich im Deutschen Literaturarchiv in Marbach am Neckar.

Postanschrift: Deutsches Literaturarchiv
Postfach 1162
71666 Marbach am Neckar
Homepage: www.dla-marbach.de

Institutionen

1. Hannah-Arendt-Zentrum an der Carl-von-Ossietzky-Universität Oldenburg

Postanschrift: Hannah-Arendt-Zentrum
Postfach 2541
26015 Oldenburg
Homepage: www.uni-oldenburg.de/arendt-zentrum

Das Hannah-Arendt-Zentrum unterhält in den Räumen der Universitätsbibliothek das Hannah-Arendt-Archiv, von dessen Rechnern aus die Hannah Arendt Papers der Library of Congress in digitalisierter Form eingesehen werden können. Hier befindet sich auch eine Kopie des Teilnachlasses der University of Memphis auf Mikrofilm. (Vgl. Periodika, Hannah-Arendt-Preis.)

2. Hannah-Arendt-Institut für Totalitarismusforschung e. V. an der TU Dresden
Postanschrift: 01062 Dresden
Homepage: www.hait.tu-dresden.de
Die Gründung des Hannah-Arendt-Instituts für Totalitarismusforschung wurde kurz nach der Wiedervereinigung Deutschlands vom sächsischen Landtag beschlossen. 1993 nahm das Institut seine Arbeit auf, in deren Zentrum die Erforschung der doppelten Diktaturerfahrung Ostdeutschlands steht.

3. Hannah Arendt Center an der New Yorker New School for Social Research
Am New Yorker Hannah Arendt Center gibt es ein Archiv, von dessen Rechnern aus die Hannah Arendt Papers der Library of Congress in digitalisierter Form eingesehen werden können. Außerdem finden hier Tagungen und Veranstaltungen über Hannah Arendt statt.
Postanschrift: Hannah Arendt Center
Philosophy Department
65 Fifth Avenue, Room 240 B
New York, NY 10003
Homepage: www.newschool.edu/nssr/subpage.aspx?id=18664

Weitere Informationen

Hannah Arendts Geburtsstadt Hannover hat eine Homepage mit Informationen über Arendts Leben und Werk sowie mit wichtigen Links, Veranstaltungshinweisen (vor allem Ankündigungen für die regelmäßig in Hannover stattfindenden Hannah-Arendt-Tage) eingerichtet.
Homepage: www.hannah-arendt-hannover.de

Periodika

Hannah-Arendt-Studien, hg. vom Hannah-Arendt-Zentrum der Universität Oldenburg. Erscheint jährlich und enthält wissenschaftliche Aufsätze.
Arendt Studies: A Journal for Research on the Life, Work, and Legacy of

Hannah Arendt, Charlottesville (VA): Philosophy Documentation Center, 2017 ff.

Hannah-Arendt-Preis

Der Hannah-Arendt-Preis für politisches Denken wird jährlich von dem gleichnamigen Verein verliehen.

Postanschrift: Hannah Arendt Preis für politisches Denken e.V.
c/o Bildungswerk Umwelt und Kultur
in der Heinrich Böll Stiftung
Plantage 13
28203 Bremen

Homepage: www.hannah-arendt.de

Internetpublikation

Seit 2004 erscheint die von Wolfgang Heuer, Ursula Ludz, Waltraud Meints, Ingeborg Nordmann, Stefanie Rosenmüller und Thomas Wild herausgegebene *Zeitschrift für Politisches Denken / Journal for Political Thinking*, in der regelmäßig Beiträge über das Werk von Hannah Arendt und über Themen, die diesem Werk nahestehen, veröffentlicht werden.
Homepage: www.hannaharendt.net

Film

Hannah Arendt, D 2012, R: Margarethe von Trotta, D: Barbara Sukowa, Axel Milberg u.a.
Homepage: www.hannaharendt-derfilm.de
Publikation zum Film: Martin Wiebel (Hg.), Hannah Arendt. Ihr Denken veränderte die Welt. Das Buch zum Film von Margarethe von Trotta, Vorwort Franziska Augstein, München/Zürich 2013.

Siglenverzeichnis

BiD Besuch in Deutschland, in: Hannah Arendt, Zur Zeit. Politische Essays, hg. von Marie Luise Knodt, München 1989, S. 43–70.
EJ Eichmann in Jerusalem, München 1987.
EU Elemente und Ursprünge totaler Herrschaft, München 1986.
LA Der Liebesbegriff bei Augustinus, Berlin 1929.
LG 1 Vom Leben des Geistes 1: Das Denken, München 1989.
LG 2 Vom Leben des Geistes 2: Das Wollen, München 1989.
LG 3 Das Urteilen. Texte zu Kants politischer Philosophie, hg. von Ronald Beiner, München 1985.
LR Reflections on Little Rock, in: Hannah Arendt, Zur Zeit. Politische Essays, hg. von Marie Luise Knodt, München 1989, S. 95–117.
MfZ Menschen in finsteren Zeiten, hg. von Ursula Ludz, München 1989.
RV Rahel Varnhagen. Lebensgeschichte einer deutschen Jüdin aus der Romantik, München 1990.
ÜR Über die Revolution, München 1986.
VA Vita activa oder Vom tätigen Leben, München 1989.

Schlüsselbegriffe

Antisemitismus Arendt unterscheidet zwischen dem traditionellen Antisemitismus, der aus einer historisch gewachsenen gegenseitigen Abgrenzung von Juden und Christen resultiert, und dem modernen Rassenantisemitismus, der rein ideologischer Natur ist. Während der traditionelle Antisemitismus prinzipiell mit der Abgrenzung anderer sozialer Gruppen und Nationen gegeneinander vergleichbar sei, würden mit dem modernen, pseudobiologisch begründeten Antisemitismus die Juden zu einer minderwertigen Rasse erklärt, wodurch der Übertritt zum Christentum durch Taufe sinnlos wurde. Auf diesen modernen Rassenantisemitismus berief sich die nationalsozialistische Regierung bei der »Endlösung der Judenfrage«.

Arbeiten, Herstellen, Handeln In *Vita activa oder Vom tätigen Leben* differenziert Arendt zwischen dem Arbeiten, dem Herstellen und dem Handeln. Unter dem Begriff »Arbeit« fasst sie alle Tätigkeiten zusammen, die zyklischer Natur sind und der Aufrechterhaltung des reinen Lebensprozesses dienen. Das Herstellen ist, wie die Arbeit, materiell vermittelt, verläuft aber linear: Am Anfang des Herstellungsprozesses steht das Urbild in der Vorstellung des Herstellers, am Ende der fertige Gegenstand. Seine Produkte sichern den materiellen und kulturellen Bestand der Welt. Im Gegensatz zu Arbeiten und Herstellen findet das Handeln nur zwischen Menschen statt. Handlungen sind nicht materiell vermittelt, sie bestehen überwiegend aus Sprechakten. Während das Arbeiten eine private und das Herstellen (seit Beginn der Moderne) eine soziale Angelegenheit ist, konstituiert das Handeln den Raum des Politischen.

Ausnahmejuden Als »Ausnahmejuden« bezeichnet Arendt diejenigen Juden, die sich der christlichen Umwelt assimiliert haben, von dieser jedoch immer noch als Juden wahrgenommen werden. Nicht als »normale« Juden werden sie behandelt, die ihre eigenen kulturellen und religiösen Traditionen pflegen, sondern als »Ausnahmejuden«, denen das Jüdischsein als »exotische Aura« eigen ist. Mithilfe dieser Aura sichern sie sich den Zugang zur christlichen Gesellschaft, vor allem zu

Salons und literarischen Zirkeln, in denen sie jedoch ihren Ausnahmestatus behalten.

Banalität und Radikalität des Bösen In ihrem Buch *Elemente und Ursprünge totaler Herrschaft* bezeichnet Arendt in Anlehnung an Immanuel Kant das »radikal Böse« als dasjenige Böse, das nicht durch rational verstehbare Motive wie Habgier, Neid, Eifersucht, Eitelkeit motiviert ist, sondern sich im Kontext ideologischer Gedankengebäude entwickelt. In *Eichmann in Jerusalem* spricht sie hingegen von der »Banalität des Bösen«, die nicht auf einem der genannten Motive beruht, aber auch keinen ideologischen Ursprung hat. Vielmehr entspringt das banale Böse der Unfähigkeit, zu denken und sich (mittels der reflektierenden Urteilskraft) die Folgen des eigenen Handelns vor Augen zu führen. Konkret beschreibt Arendt Adolf Eichmann als einen Schreibtischtäter, der Befehle ausführt, ohne sich der Tragweite seines Tuns bewusst zu sein. In ihrem Spätwerk *Vom Leben des Geistes* entwickelt Arendt im Anschluss an diese Überlegungen die These, das Gewissen sei eine Funktion des Denkens.

Denken, Wollen, Urteilen Das Denken ist der »stille Dialog« des Ich mit sich selbst, der im Unterschied zur Logik und zu den Wissenschaften keine nachprüfbaren Ergebnisse produziert, sondern Sinn stiftet. Auch wenn der Denkende sich aus der Welt der Dinge und Sinneswahrnehmungen vorübergehend zurückzieht, bleibt das Denken an seinen Körper und an die Sinneswahrnehmungen gebunden. Aufgabe des Denkens ist es, den Menschen handlungsfähig zu machen und ihn mit einem Gewissen auszustatten, das über die Handlungen wacht. Während das Denken Abwesendes vergegenwärtigt, richtet sich das Wollen auf die Zukunft. Es entzieht sich der Vernunft ebenso wie dem Verstand; es ist willkürlich und schließt den Willen zum Nicht-Wollen ein. Das Urteilen hingegen bezieht sich in der Regel auf Vergangenes. Es erfordert eine »erweiterte Denkungsart«, mit deren Hilfe der Urteilende sich die möglichen Standpunkte anderer zu eigen macht und in sein Urteil einbezieht. Mehr als das Denken und Wollen ist es deshalb auf die Existenz anderer Menschen angewiesen, mit denen sich der Urteilende in einen fiktiven Dialog begibt.

Handeln siehe Arbeiten, Herstellen, Handeln

Herstellen siehe Arbeiten, Herstellen, Handeln

Ideologie Ideologisches Denken resultiert aus der Übertragung deduktiver Prinzipien auf politische Angelegenheiten. Ausgehend von einer bestimmten Prämisse (beispielsweise dem Wunsch, eine ethnisch homogene oder eine klassenlose Gesellschaft aufzubauen) werden alle Folgehandlungen an dieser Prämisse, nicht aber an realen Gegebenheiten oder ethischen Gesichtspunkten ausgerichtet. Die dem ideologischen Denken entsprechende Form des politischen Handelns ist die Ausübung von Terror, dessen Legitimität mit Sätzen wie »Wer A sagt, muss auch B sagen« oder »Wo gehobelt wird, da fallen Späne« begründet wird.

Imperialismus Imperialismus ist eine politische Ideologie und Praxis, die sich in Europa im 19. Jahrhundert entwickelte und deren Ziel es ist, die Akkumulation von Kapital über die Grenzen des Nationalstaates hinaus zu sichern, insbesondere durch die Einrichtung von Kolonialstaaten. Charakteristisch für imperialistische Staaten und Bewegungen ist der Glaube an eine unbegrenzte Expansion und an die kulturelle Überlegenheit der Europäer. Die auf diesen Grundlagen beruhende Praxis hatte vor allem bei der Unterwerfung des afrikanischen Kontinents verheerende Folgen, da diejenigen, die dort Fuß zu fassen suchten, in der Regel nicht dem Wirtschafts- oder Bildungsbürgertum angehörten, sondern dem »Mob«, dem sich in Europa keine soziale und wirtschaftliche Perspektive mehr bot.

Jobholdergesellschaft Arendt zufolge bewertete die griechische Antike unter den drei Tätigkeiten der Vita activa das Handeln höher als das Arbeiten oder Herstellen, das man gern den Sklaven überließ. Das christliche Mittelalter dagegen stellte die Vita contemplativa über die Vita activa und forderte einen Rückzug aus den weltlichen Geschäften zugunsten der religiösen Besinnung. Die Neuzeit brachte zwar eine Wiederaufwertung der Vita activa mit sich, jedoch mit umgekehrten Vorzeichen: Nicht das Handeln steht nun an erster Stelle, sondern die

Arbeit beziehungsweise die Herstellung von Konsumgütern. Der im 20. Jahrhundert zu beobachtende Rückzug aus den öffentlichen Angelegenheiten und das wachsende Desinteresse am Handeln begünstigten die Entstehung einer Jobholdergesellschaft, in der die Menschen nur mehr an ihrem persönlichen wirtschaftlichen Wohl und an einer möglichst angenehmen Gestaltung ihrer Freizeit interessiert sind. Eine solche Gesellschaft bildet das negative Gegenbild zur griechischen Polis, deren Ideal die Befreiung von der Arbeit für die Politik war.

Mob Der europäische Mob des 19. und frühen 20. Jahrhunderts setzte sich aus den »Deklassierten aller Klassen« zusammen, aus Abenteurern, Kriminellen, gelangweilten Adligen et cetera. Von der unstrukturierten Masse unterschied er sich durch sein politisches Engagement (zum Beispiel in den Antisemitenparteien des 19. Jahrhunderts), das von rassistischen Ideen geprägt war, die Überlegenheit der Europäer gegenüber Schwarzen und Juden propagierte und sich vor allem im Zuge der imperialistischen Expansion entfaltete.

Natalität Als Grundbedingungen des Lebens nennt Arendt in *Vita activa* die Erde, die Pluralität menschlicher Existenz, Natalität und Mortalität. Menschliches Leben hat nur dort Kontinuität, wo ständig neue Menschen geboren werden, die die Welt von den älteren Generationen übernehmen. Der Begriff der Natalität bezieht sich im übertragenen Sinn auch auf die Fähigkeit, »eine Reihe von vorn anzufangen« (Kant), beziehungsweise auf die Fähigkeit, spontan und frei zu handeln. Wäre alles, was Menschen tun und worüber sie sprechen, kalkulierbar, dann gäbe es keine Freiheit, sondern nur einen vorprogrammierten und notwendigen Verlauf der Dinge.

Paria und Parvenü Beide Begriffe bezeichnen ein bestimmtes Rollenverhalten von Juden im Zeitalter der Emanzipation und Assimilation. Ein Paria ist für Arendt ein Jude, der seine Außenseiterrolle akzeptiert und sich weigert, seine jüdische Herkunft um des sozialen Aufstiegs willen zu verleugnen. Ein Parvenü hingegen verleugnet seine jüdische Herkunft, um seinen sozialen Aufstieg nicht zu gefährden. Diese Differenzierung ist im Prinzip identisch mit Sartres Beschreibung des »authentischen« und des »inauthentischen« beziehungsweise des »aufrichtigen« und des »verschämten« Juden. Sowohl Arendt als auch Sartre favorisieren das Verhalten des Parias, des authentischen Juden.

Parvenü siehe Paria und Parvenü

Phänomenologie Als Schülerin von Karl Jaspers, Edmund Husserl und Martin Heidegger machte Arendt sich frühzeitig mit der Phänomenologie vertraut, die in einer Gegenbewegung zur metaphysischen Tradition die Rückkehr »zu den Dingen selbst« forderte. Statt Philosophiegeschichte zu studieren, sollten die Philosophen die eigentlichen und nach wie vor unbeantworteten Fragen, noch einmal neu aufnehmen und sich dabei vorurteilsfrei den sinnlich wahrnehmbaren Erscheinungen (den Phänomenen) zuwenden, die lange Zeit als »bloße Erscheinungen« gegolten hatten. Diese Methode, mit der die Phänomene selbst – und nicht davor oder darunter liegende Gründe – untersucht werden, wandte Arendt auch in ihren historischen Arbeiten an, weshalb viele dieser Schriften nur sehr zögerlich rezipiert oder missverstanden wurden.

Pluralität Pluralität gilt Arendt als eine der Grundbedingungen menschlichen Lebens, insofern der Mensch nur wirklich Mensch ist, wenn er die Möglichkeit hat, zu handeln (siehe: Arbeiten, Herstellen, Handeln). Da das Handeln stets zwischen Menschen stattfindet, bedarf es also der Menschen im Plural. Die Anerkennung der Pluralität ist für Arendt die einzig wirksame Waffe gegen das ideologische Denken, das seine Überzeugungskraft aus einer vermeintlichen Folgerichtigkeit bezieht und keiner Diskussion, keiner kritischen und demokratischen Öffentlichkeit bedarf beziehungsweise diese gewaltsam unterbindet.

Radikalität des Bösen siehe Banalität und Radikalität des Bösen

Rätedemokratie Unter Verweis auf die im Zuge der Amerikanischen Revolution eingerichteten *wards und councils* (weniger im Hinblick auf die russischen *Sowjets*) favorisierte Arendt in ihrer Schrift *Über die Re-*

volution die Einrichtung einer Rätedemokratie, in der sich Macht nicht innerhalb einer politischen Elite, sondern an der Basis der Bevölkerung entwickelt. Sie geht davon aus, dass sich bei der Gründung eines neuen demokratischen Staates eine spontane Handlungsenergie entlädt, die alle sozialen Schranken zumindest vorübergehend aufhebt und die Einrichtung dauerhafter Institutionen befördert. Unklar bleibt in diesem Kontext allerdings, wie diese spontanen Energien die unumgängliche Einrichtung einer demokratischen Verfassung überdauern können.

Revolution Eine Revolution unterscheidet sich von einem Putsch oder Staatsstreich dadurch, dass sie die Gründung eines freiheitlichen Gemeinwesens und die Stabilisierung eines solchen Gemeinwesens durch den Erlass einer demokratischen Verfassung zum Ziel hat. Sie richtet sich gegen den alten Staat in dem Moment, in dem dessen Machtlosigkeit offensichtlich wird, verläuft aber im Idealfall (den Arendt in der Amerikanischen Revolution gegeben sieht) gewaltfrei. Ihr Ziel ist niemals nur der Sturz des alten Regimes, sondern die viel schwierigere »Gründung der Freiheit«, an der Arendt zufolge die Französische Revolution ebenso scheiterte wie an der Unmöglichkeit, soziale Probleme mit politischen Mitteln zu lösen.

Spontaneität Spontaneität ist (mit Kant gesprochen) die Fähigkeit, »eine Reihe von vorn anzufangen«, einen neuen Anfang zu setzen. Spontaneität als Ausdruck der Freiheit des Handelns bildet den Gegensatz zur Notwendigkeit sowohl im Hinblick auf das individuelle Handeln unter Sachzwängen als auch im Hinblick auf die Weltgeschichte, deren Verlauf sich jeglicher Notwendigkeit entzieht. Indem sie auf die Fähigkeit der Menschen verweist, Unvorhergesehenes und Unvorhersehbares zu tun, kritisiert Arendt ausdrücklich das von Hegel und Marx vertretene Konzept der historischen Notwendigkeit, für das spontane Handlungen nur von untergeordneter Bedeutung sind.

Totale Herrschaft Die totale Herrschaft unterscheidet sich von einer gewöhnlichen Diktatur durch die Konzentration der Macht in den Händen eines starken Mannes bei gleichzeitiger Entwicklung einer sogenannten Zwiebelstruktur, das heißt, verschiedene hierarchische Ebenen sind ineinander verschachtelt, und durch systematische Ämterdoppelung wird bewusst Unklarheit über Rechte und Kompetenzen geschaffen. Ziel ist es, die dynamische Entwicklung einer sich als »Bewegung« verstehenden Partei bis zum Erlangen der Weltherrschaft aufrechtzuerhalten; dabei wird der innere Zusammenhalt der totalitären Bewegung durch eine politische Ideologie und durch die Ausübung von Terror gewährleistet. Als Modell und Versuchslabor der total beherrschten Gesellschaft dient das Konzentrationslager, das folglich nicht eine extreme Randerscheinung totalitärer Gesellschaften ist, sondern diese idealtypisch repräsentiert.

Urteilen siehe Denken, Wollen, Urteilen

Vita activa siehe Arbeiten, Herstellen, Handeln

Vita contemplativa siehe Denken, Wollen, Urteilen

Wollen siehe Denken, Wollen, Urteilen

Zeittafel

1906 Am 14. Oktober wird Hannah Arendt in Hannover als Tochter von Max Arendt und Martha Arendt, geb. Baerwald, geboren. Ihre Kindheit und Jugend verbringt sie in Königsberg.

1913 Arendts Vater stirbt.

1924 Arendt legt die Abiturprüfung als externe Schülerin ab, nachdem man sie wegen Anstiftung zum Unterrichtsboykott der Schule verwiesen hatte. Beginn des Studiums der Philosophie, der protestantischen Theologie und des Griechischen in Marburg, unter anderem bei Martin Heidegger und Rudolf Bultmann.

1926–1928 Studium in Heidelberg (bei Karl Jaspers) und Freiburg (bei Edmund Husserl); Abschluss des Studiums mit der Promotion bei Karl Jaspers. Titel der Dissertation: *Der Liebesbegriff bei Augustinus*. Darin untersucht Arendt die verschiedenen Verwendungen des Begriffs »Liebe« (*amor, appetitus, eros, dilectio*) in den Schriften von Augustinus und entwickelt davon ausgehend eine Phänomenologie verschiedener Formen der Liebe. Der Text ist in heideggerianischem Stil geschrieben und wegen der häufigen Verwendung griechischer und lateinischer Zitate schwer zugänglich. Rezipiert wird er nicht nur als Beitrag zur Augustinus-Forschung und zur Existenzphilosophie, sondern auch als Arendts Reflexion ihrer aussichtslosen Liebe zu Martin Heidegger.

1929 Arendt heiratet Günther Stern, der sich später Günther Anders nennt, und zieht mit ihm nach Berlin. Die Dissertation erscheint im Berliner Springer-Verlag.

1933 Arendt flüchtet gemeinsam mit ihrer Mutter über Prag und Genf nach Paris, wo sie als Privatsekretärin für Germaine de Rothschild, später für die Jugend-Aliyah und die Jewish Agency arbeitet. Ihre unvollendete Habilitationsschrift über Rahel Varnhagen geht verloren; erst nach dem Krieg tauchen verschiedene Manuskripte wieder auf, die die Veröffentlichung des Buches im Jahr 1958 ermöglichen.

1935 Erste Reise nach Palästina im Auftrag der Jugend-Aliyah.

1937 Scheidung von Günther Stern.

1940 Arendt heiratet Heinrich Blücher, einen deutschen Exilkommunisten, den sie in Paris kennengelernt hat. Arendt wird als feindliche Ausländerin im Lager Gurs in Südfrankreich interniert, kann aber fliehen. Bei Freunden in Südfrankreich trifft sie den aus der Internierung entlassenen Heinrich Blücher wieder.

1941 Arendt flieht mit Heinrich Blücher und Martha Arendt nach New York, wo sie in den folgenden Jahren für die deutschsprachige Emigrantenzeitung *Der Aufbau*, später für die European Jewish Cultural Reconstruction und für den Schocken-Verlag arbeitet.

1948 Die Sammlung *Sechs Essays* erscheint. Sie enthält die Aufsätze: *Zueignung an Karl Jaspers, Über den Imperialismus, Organisierte Schuld, Die verborgene Tradition, Juden in der Welt von gestern* (anlässlich der Autobiografie von Stefan Zweig), *Franz Kafka.* Eine Neuauflage wird 1976 unter dem Titel *Die verborgene Tradition* publiziert; sie enthält zusätzlich die Aufsätze *Der Zionismus aus heutiger Sicht* und *Aufklärung und Judenfrage.* Alle Aufsätze kreisen um das historische Verhältnis von Deutschen und Juden.

1949/50 Erste Nachkriegsreise nach Europa (Deutschland, England, Frankreich, Schweiz) und erstes Wiedersehen mit Heidegger.

1951 Arendt nimmt nach achtzehnjähriger Staatenlosigkeit die US-amerikanische Staatsbürgerschaft an.

The Origins of Totalitarianism wird veröffentlicht, weitere Auflagen folgen 1958, 1966, 1968, 1973; deutsche Ausgabe: *Elemente und Ursprünge totaler Herrschaft* (1955). In ihrer ersten großen Buchveröffentlichung vergleicht Arendt die politischen Systeme des Nationalsozialismus und des Stalinismus und bezeichnet beide als Beispiele für die neue – das heißt nicht im klassischen Kanon aufgeführte – Staatsform der totalen Herrschaft. Deren Entstehung beschreibt sie vor dem Hintergrund der Geschichte des Antisemitismus und des Imperialismus, die den ersten und zweiten Teil des dreiteiligen Werks füllen. Im dritten Teil geht es um das Zusammenspiel von Ideologie und Terror in der voll entwickelten totalen Herrschaft.

Das Werk gilt als Standardwerk der Totalitarismusforschung, deren akademischer Gegenspieler die von einem Vergleich des Nationalsozialismus mit dem faschistischen Italien und Japan ausgehende Faschismusforschung ist.

1955 Gastprofessur an der University of California in Berkeley.

1957 *Fragwürdige Traditionsbestände im politischen Denken der Gegenwart* (1957). Bei dieser Sammlung handelt es sich um vier Essays, die später in den Sammelband *Between Past and Future* (1961) aufgenommen wurden: *Tradition und die Neuzeit, Natur und Geschichte, Geschichte und Politik in der Neuzeit* und *Was ist Autorität?* Alle Aufsätze behandeln die Bedeutung der Vergangenheit für das politische Geschehen der Gegenwart.

1958 *The Human Condition*; deutsche Ausgabe: *Vita activa oder Vom tätigen Leben* (1960). In ihrer Theorie der menschlichen Tätigkeit unterscheidet Arendt zwischen Arbeiten, Herstellen und Handeln und beschreibt, davon ausgehend, den privaten, den sozialen und den öffentlichen Raum. Die in der Moderne zunehmende Überlappung dieser Räume kritisiert sie ebenso wie die seit der Antike fortschreitende Abwertung des Handelns, das als einzige der drei Tätigkeiten einen öffentlichen politischen Raum konstituiert. Arendt warnt zudem vor dem Verlust des Gemeinsinns in der »society of jobholders« und davor, das Handeln den Gesetzen des Herstellens unterwerfen zu wollen, so dass soziale Verhältnisse produziert würden wie ein Tisch oder Stuhl.

Im selben Jahr erscheint eine überarbeitete und erweiterte Fassung der Habilitationsschrift: *Rahel Varnhagen:*

The Life of a Jewish Woman beziehungsweise *Rahel Varnhagen, The Life of a Jewess*; deutsche Ausgabe: *Rahel Varnhagen. Lebensgeschichte einer deutschen Jüdin aus der Romantik* (1959). In dieser Biografie beschreibt Arendt die Lebensgeschichte der Dichterin, wie sie selbst sie hätte erzählen können. Dabei geht sie immer wieder auf den größeren historischen Zusammenhang von Emanzipation und Assimilation der Juden und auf die gesellschaftlichen Schwierigkeiten ihrer Heldin ein, die im Spannungsfeld von Anpassung (als Parvenü) und Selbstbehauptung (als Paria) ihr Glück sucht und dabei an der von sozialem Antisemitismus geprägten christlichen Gesellschaft scheitert.

1959 Verleihung des Lessing-Preises der Stadt Hamburg.

1961 *Between Past and Future. Six Exercises in Political Thought.* Enthält die Aufsätze: *Tradition and the Modern Age, The Concept of History: Ancient and Modern, What is Authority?, What is Freedom?, The Crisis in Education, the Crisis in Culture: Its Social and its Political Significance, Truth* and *Politics* und *The Conquest of Space and the Stature of Man.* Gemeinsames Thema dieser Texte ist die Frage nach der Autorität der Vergangenheit und nach dem Ausmaß einer von Arendt diagnostizierten Krise der Kultur in der Gegenwart.

1963 Arendt tritt eine Professur für Politische Theorie an der University of Chicago an.

Eichmann in Jerusalem: A Report on the Banality of Evil erscheint, erweiterte Neuauflage: 1965; deutsche Ausgabe: *Eichmann in Jerusalem. Ein Bericht von der Banalität des Bösen* (1964).

In ihrem Prozessbericht, der ursprünglich in der Zeitschrift *The New Yorker* veröffentlicht wurde, kommentiert Arendt das 1961 in Israel gegen Adolf Eichmann durchgeführte Gerichtsverfahren. Der Bericht ist getragen von einer harschen Kritik an der israelischen Staatsanwaltschaft und Regierung, die in dem Vorwurf mündet, man habe einen Schauprozess gegen Eichmann inszeniert. Tatsächlich sei Eichmann kein brutaler Massenmörder, kein Verbrecher im üblichen Sinn gewesen (für den ihn die Anklage hielt), sondern ein Schreibtischtäter, ein Verwaltungsmassenmörder, der sich nie das ganze Ausmaß der von ihm verursachten Katastrophe vor Augen geführt habe. Zudem bewertet Arendt die Kooperation der Judenräte mit dem nationalsozialistischen Regime als Fehler und wirft dem »jüdischen Establishment« vor, stets auf den eigenen Vorteil bedacht gewesen zu sein. Das Erscheinen der Buchversion löste die sogenannte Eichmann-Kontroverse aus, die bis Mitte der sechziger Jahre anhielt und die zum Bruch zwischen Arendt und nahezu allen jüdischen Organisationen und Gemeinden führte.

On Revolution wird veröffentlicht; deutsche Ausgabe: *Über die Revolution* (1963). In diesem Buch stellt Arendt einen Vergleich zwischen der Französischen und der Amerikanischen Revolution an, der deutlich zugunsten der Letzteren ausfällt. Die Französische Revolution scheiterte, so Arendt, an dem Anspruch, soziale Gerechtigkeit herzustellen, und daran, dass die Revolutionäre sich als unfähig erwiesen, eine stabile demokratische Verfassung zu erlassen. Den amerikanischen Revolutionären sei es hingegen gelungen, ein freiheitliches Gemeinwesen zu gründen, innerhalb dessen jeder einzelne aktiv werden und »sein Glück verfolgen« konnte. Anders als in Frankreich sei der Ausgangspunkt dieser Revolution nicht das Mitleid der Revolutionäre mit den Armen gewesen, sondern das eigene Bedürfnis, zu handeln und sich als Personen zu offenbaren.

1967 Arendt übernimmt eine Professur an der New School for Social Research, New York.

1968 *Men in Dark Times.* Enthält biografische Texte über Lessing, Rosa Luxemburg, Angelo Giuseppe Roncalli, Karl Jaspers, Isak Dinesen alias Tania Blixen, Hermann Broch, Walter Benjamin, Bertolt Brecht, Waldemar Gurian und

Randall Jarrell. Die deutsche Ausgabe (*Menschen in finsteren Zeiten*, 1989) enthält zusätzlich Essays über Martin Heidegger, Nathalie Sarraute, W. H. Auden und Robert Gilbert.

1970 Am 31. Oktober stirbt Heinrich Blücher in New York.

1972 *Crises of the Republic.* Der Sammelband enthält vier Aufsätze, in denen Arendt sich mit politischen Problemen der Gegenwart, vor allem der Frage nach Gewalt und Lüge in der Politik beziehungsweise nach dem Sinn des zivilen Ungehorsams beschäftigt: *Lying in Politics, Civil Disobedience, On Violence, Thoughts on Politics and Revolution.*

1975 Hannah Arendt stirbt am 4. Dezember in New York an einem Herzinfarkt.

1978 *The Life of the Mind* (posthum hg. von Mary McCarthy); deutsche Ausgabe: *Vom Leben des Geistes* (1979). In ihrem Spätwerk beschäftigt sich Arendt mit der Vita contemplativa, wobei sie zwischen Denken, Wollen und Urteilen unterscheidet. Im ersten Band (über das Denken) kritisiert sie die seit Platon bestehende Zwei-Welten-Theorie, der zufolge das Denken unabhängig von der Sinneswahrnehmung erfolge, und erklärt, dass das Denken zwar unabhängig von partikularen Wahrnehmungen sei, nicht aber von der Erinnerung an Wahrnehmungen und von der körperlichen Existenz des Menschen als solcher. Im Gegensatz zum Denken richte sich das Wollen, dem der zweite Band gewidmet ist, auf die Zukunft; in ihm sei die Freiheit des Handelns angelegt, die sich den Ergebnissen des Denkens und des Urteilens widersetzen und auch das Nicht-Wollen wollen kann.

1985 *Das Urteilen. Texte zu Kants politischer Philosophie* (posthum hg. von Ronald Beiner). Bei diesem Band handelt es sich nicht um den dritten Band des als Trilogie angelegten Spätwerks *Vom Leben des Geistes*, sondern um eine Zusammenstellung von Vorlesungstexten und Fragmenten zu Kants politischer Philosophie. Arendt zufolge richtet sich das Urteilen im Gegensatz zum gegenwärtigen Denken und zum auf die Zukunft gerichteten Wollen in der Regel auf die Vergangenheit. Das reflektierende Urteil ermöglicht die von Kant so genannte »erweiterte Denkungsart«, mit deren Hilfe sich ein Mensch die Standpunkte vieler anderer vergegenwärtigen kann. Die Entscheidung für eine Handlungsoption vergleicht Arendt mit dem von Kant beschriebenen Geschmacksurteil, das ebenfalls eine »erweiterte Denkungsart« voraussetzt, um vom subjektiven Sinneseindruck abstrahieren zu können.

2002 *Denktagebuch* (hg. von Ursula Ludz und Ingeborg Nordmann). Enthält zahlreiche Gedichte, Reisenotizen und handschriftliche Notizen, die Aufschluss über den Entstehungsprozess der veröffentlichten Werke geben; außerdem einige persönliche Notizen und Briefentwürfe.

Annette Vowinckel, geboren 1966, ist Leiterin der Abteilung »Zeitgeschichte der Medien- und Informationsgesellschaft« am Zentrum für zeithistorische Forschung Potsdam und lehrt Geschichte an der Humboldt-Universität zu Berlin.